_____ 학교 ____ 학년 ____ 반 _____의 책이에요.

신나는 **교과 체험학습** 시리즈 이렇게 활용하세요!

'체험학습'이란 책에서나 수업 시간에 배운 지식을 실제 현장에서 직접 경험해 보는 공부 방법이에요. 단순히 전시된 물건을 관람하거나 공연을 보는 것이 아니라 학습을 하기 전에 미리 필요한 정보를 조사하는 것까지를 포함한 모든 활동을 의미해요. 어떻게 공부할 것인지를 준비하면 그렇지 않은 경우보다 훨씬 더 많은 것을 보고 느끼게 되겠지요. 이 책은 체험학습을 하려는 어린이들에게 좋은 길잡이 역할을 할 거예요.

❶ 가기 전에 읽어 보세요

이 책은 체험학습 현장을 어린이들이 쉽게 이해할 수 있도록 풀이한 안내서예요. 어린이들이 직접 체험학습 현장을 찾아가는 데 필요한 정보가 들어 있어요. 체험학습 현장을 가기 전에 꼼꼼히 읽어 보세요.

❷ 현장에서 비교해 보세요

백제의 한성 시기에 도읍을 방어하기 위해 쌓은 성인 풍납토성과 몽촌토성이 어떻게 발견되었을까요? 또 그 곳에서 발견된 유물이나 유적들은 어떤 모습으로 우리를 놀라게 할까요? 지금부터 백제의 찬란했던 한성 시기 속으로 함께 떠나 보아요.

❸ 스스로 활동해 보세요

이 시리즈는 단지 지식을 전달하기 위한 교양서가 아니에요. 어린이 여러분이 교과서로 수업 시간에 배운 내용을 실제 현장에서 직접 체험하며 익힐 수 있도록 다양한 활동 내용을 담았지요. 책 중간이나 뒷부분에 이해를 돕기 위한 활동이 있으니 꼭 스스로 정리해 보세요.

❹ 견학 후 활동이 다양해요

체험학습 후에는 반드시 견학 후 여러 가지 활동을 해 보세요. 보고서 쓰기, 신문 만들기, 그림 그리기 등을 통해 체험학습에서 보고 들은 내용을 다시 한번 정리하면 알찬 체험학습이 될 거예요.

신나는 교과 체험학습 16

침묵에서 깨어난 한성 시기 백제의 도읍지

풍납토성과 몽촌토성

초판 1쇄 발행 | 2008. 4. 26.
개정 3판 8쇄 발행 | 2023. 11. 10.

글 김기섭 | **그림** 서은경

발행처 김영사 | **발행인** 고세규
등록번호 제 406-2003-036호 | **등록일자** 1979. 5. 17.
주소 경기도 파주시 문발로 197(우10881)
전화 마케팅부 031-955-3100 | 편집부 031-955-3113~20 | 팩스 031-955-3111
사진 문화재연구소 한신대박물관 서울대박물관 몽촌역사관 국립중앙박물관 체육진흥공단 연합포토
　　　김기섭 최원근 유승률 권태균 김준혁 이순 김은경 김원미

값은 표지에 있습니다.

ISBN 978-89-349-8510-5　64000
ISBN 978-89-349-8306-4　(세트)

좋은 독자가 좋은 책을 만듭니다. 김영사는 독자 여러분의 의견에 항상 귀 기울이고 있습니다.
전자우편 book@gimmyoung.com | 홈페이지 www.gimmyoungjr.com

어린이제품 안전특별법에 의한 표시사항
제품명 도서 제조년월일 2023년 11월 10일 제조사명 김영사 주소 10881 경기도 파주시 문발로 197
전화번호 031-955-3100 제조국명 대한민국 ⚠주의 책 모서리에 찍히거나 책장에 베이지 않게 조심하세요.

침묵에서 깨어난 한성 시기 백제의 도읍지

풍납토성과 몽촌토성

글 김기섭 그림 서은경

주니어김영사

차례

풍납토성과 몽촌토성에 가기 전에

미리 준비하세요

준비물 필기도구, 《풍납토성과 몽촌토성》 책, 교통비, 지하철 노선표,
나침반, 사진기

준비물 야외에서 활동하므로 가볍고 편한 옷차림에 모자를 준비하는
것이 좋아요.

가는 방법

풍납토성(서울특별시 송파구 풍납동 일대)

지하철 5호선 천호역(10번 출구)이나
8호선 강동구청역(5번 출구)에
서 내려요.

버스

	지선 버스	간선 버스
천호역	3411, 4318	341, 360
강동구청역	3411	340, 341, 360

몽촌토성(서울특별시 송파구 방이동 올림픽공원 안)

지하철 5호선 올림픽공원역(3번 출구)
이나 8호선 몽촌토성역(1번 출
구)에서 내려요.

버스

	지선 버스	간선 버스
올림픽회관	3411	340, 361, 30, 70
남 4문	3412, 3413	340
동 2문북 2문	3412, 3413	371

풍납토성에서
몽촌토성까지는 걸어서
갈 수 있는 거리예요.
단, 큰길을 건너야 하니
조심하세요!

풍납토성과 몽촌토성은요……

풍납토성과 몽촌토성은 지금으로부터 2000여 년 전에 세워진 백제 시대의 성*이에요. 도읍을 방어하기 위해 쌓은 성이라는 뜻으로 '도성'이라고도 하지요.

백제는 한강 유역에 나라를 세우고 첫 도읍을 정한 뒤 멸망하기까지 두 차례 도읍을 옮겼어요. 그에 따라 백제의 역사는 각각 '한성 시기, 웅진 시기, 사비 시기'로 나누지요. 한성은 오늘날의 서울, 웅진은 공주, 사비는 부여에 해당해요. 한성 시기의 도성은 한성, 웅진 시기의 도성은 웅진성, 사비 시기의 도성은 사비성이에요. 그런데 이 가운데 한성은 그 위치가 어디인지에 대해 오랫동안 학자들마다 의견이 달랐어요. 그러다가 풍납토성과 몽촌토성이 발굴되자 많은 학자들이 이 두 곳을 한성으로 보았지요. 즉, 한성은 두 개의 성으로 이뤄져 있었는데, 풍납토성을 북성, 몽촌토성을 남성으로 보고 있어요.

한성 시기에 백제는 영토를 넓히고, 법과 제도를 마련하며, 다른 나라와 활발히 교류하는 등 최고의 전성기를 누렸어요. 풍납토성과 몽촌토성에서는 이 시기 백제의 모습을 짐작할 수 있는 유적과 유물이 많이 나왔지요. 성벽·건물 자리·우물 자리 등의 유적에서는 백제의 건축 기술을, 토기·기와·벽돌·삽날 등의 각종 유물에서는 백제 사람들의 생활을 엿볼 수 있어요.

자, 그럼 찬란했던 한성 시기의 백제를 찾아 풍납토성과 몽촌토성으로 떠나 보아요!

*성 : 적의 공격을 막기 위해 흙이나 돌로 높이 쌓은 담장 또는 그런 담으로 둘러싼 곳을 말해요.
'성곽'이라고도 하지요.

사라진 왕국, 백제의 역사를 찾아서

고구려, 백제, 신라 삼국 가운데 가장 먼저 전성기를 누렸던 나라는 어디일까요? 바로 백제랍니다. 그런데 삼국 가운데 가장 먼저 역사 속으로 사라진 나라도 백제이지요. 백제는 우리 나라의 고대 역사에 어떻게 등장했다가 어떻게 사라졌을까요? 백제의 역사에 대해 함께 살펴보아요.

백제는 부여와 고구려 지역에 살던 사람들 가운데 일부가 남쪽으로 내려와 한강 유역에 세운 나라예요. 이 곳에 도읍인 하남 위례성*을 쌓은 백제는 처음에는 마한에 속한 작은 나라였지만 말갈, 낙랑 등 이웃 나라들과 크고 작은 전쟁을 치르며 점차 세력을 키워 나갔지요.

고이왕(8대) 때에 이르러 법과 제도를 마련하는 등 나라의 기틀을 다졌고, 근초고왕(13대) 때에는 한강 유역을 중심으로 영토를 넓혀 나가며 한반도의 서쪽과 남쪽 지역에서 위엄을 떨쳤지요. 고구려와 벌인 전쟁에서는 고구려의 왕(고국원왕)을 죽여 승리를 이끌기도 했어요. 그러나 침류왕(15대)이 죽은 뒤 동생인 진사왕(16대)이 조카를 밀어 내고 왕위에 올랐다가 다시 조카인 아신왕(17대)이 왕위에 오르는 혼란을 겪지요. 그러다가 396년에 고구려 광개토왕*의 공격을 받아 무릎을 꿇고 말았지요. 그러나 백제는 곧 왜(일본)·신라와 동맹을 맺으며 고구려에 대항했어요. 하지만 개로왕(21대) 때 고구려의 장수왕이 3만 대군을 이끌고 공격해 와 결국 백제의 도읍인 한성이 함락되고, 개로왕은 죽임을 당했어요.

개로왕에 이어 왕위에 오른 문주왕은 도읍을 웅진(충청남도 공주)으로 옮겼어요. 하지만 나라는 여전히 불안했어요. 동성왕(24대) 때에는 이런 어려움을 극복하기 위해 신라 왕족의 딸과

해상 교역의 왕국으로
성장함.

온조왕이 한강 유역에
나라를 세우고 백제라 함.

개로왕 때 고구려가 공격해 와
한강 유역을 빼앗김.

*하남 위례성 : 《삼국사기》에 따르면 주몽의 아들 온조가 하남 위례성에 첫 도읍을 정하고 나라를 세웠다고 해요.
　나라가 발전함에 따라 도읍이 한성으로 바뀌었을 것으로 짐작하지요.
*광개토왕 : 일반적으로 '광개토 대왕'이라 부르는데, 지금까지의 역사 기술이 백제의 입장이 고려되지 않았다는
　글을 쓴 선생님의 의견을 반영해 이 책에서는 '광개토왕'이라고 표기했어요.

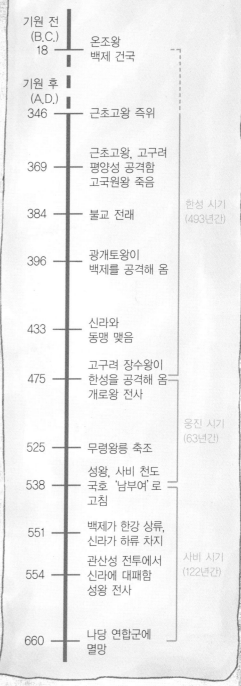

혼인하는 등 주변 나라들과 잘 지내기 위해 더욱 노력했어요. 무령왕(25대)에 이르러서는 더욱 빠른 속도로 안정을 다시 찾아 갔지요. 한강 유역을 되찾기 위해 여러 차례 고구려를 공격했고, 승리를 거두기도 했지요. 중국의 여러 나라와 좋은 관계를 유지하며 외교를 펼치는 등 중흥을 꾀했어요.

무령왕의 뒤를 이은 성왕(26대) 때에는 사비(충청남도 부여)로 도읍을 옮기고 국호를 '남부여'로 고쳤어요. 551년, 성왕은 신라와 손잡고 고구려를 공격하여 잠시 한강 하류 지역을 다시 차지했지만, 그마저도 곧 신라에게 빼앗겼어요. 화가 난 성왕이 군사를 이끌고 신라를 공격했지만 전쟁터에서 목숨을 잃고 말아요. 그로써 신라와의 오랜 동맹도 완전히 깨져 버렸지요. 642년, 백제의 의자왕(31대)은 몸소 군사를 이끌고 신라를 공격해 승리를 거두었어요. 하지만 시간이 흐를수록 백제의 지배층은 주변 나라와 교류하기를 소홀히 했어요. 그러자 신라가 당나라와 손잡고 백제를 공격해, 결국 660년에 사비성까지 함락되어 백제는 역사 속으로 사라졌답니다.

세련된 문화를 뽐내며 한강을 되찾기 위해 노력했으나 결국 나당 연합군에 의해 멸망함.

도읍의 변화에 따른 백제 연대표

기원 전 (B.C.) 18	온조왕 백제 건국	
기원 후 (A.D.) 346	근초고왕 즉위	한성 시기 (493년간)
369	근초고왕, 고구려 평양성 공격함 고국원왕 죽음	
384	불교 전래	
396	광개토왕이 백제를 공격해 옴	
433	신라와 동맹 맺음	
475	고구려 장수왕이 한성을 공격해 옴 개로왕 전사	
525	무령왕릉 축조	웅진 시기 (63년간)
538	성왕, 사비 천도 국호 '남부여'로 고침	
551	백제가 한강 상류, 신라가 하류 차지	사비 시기 (122년간)
554	관산성 전투에서 신라에 대패함 성왕 전사	
660	나당 연합군에 멸망	

한눈에 보는
풍납토성과 몽촌토성

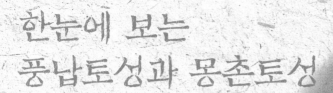

서울은 오랫동안 조선 시대의 도읍지로 인정받아 왔어요.
하지만 몽촌토성과 풍납토성이 차례로
발굴되면서 백제의 도읍지로도 주목받게 되었지요.
그럼, 잠들어 있던 백제의 역사를 새롭게 알려 준
풍납토성과 몽촌토성을 자세히 살펴보아요!

이 책은 먼저 백제의 역사를
살펴본 뒤,
직접 풍납토성과 몽촌토성을
돌아보고, 그 곳의 유물들을
통해 백제 사람들의 생활 모습을
엿볼 수 있도록
꾸몄단다.

현대리버빌아파트
현대리버빌아파트는 1997년에 아
파트를 짓다가 백제 시대의 얕은
움집들과 '3중환호'라고 부르는 세
겹의 긴 도랑이 발견된 곳이에요.

 이런 순서로 둘러보세요!

*풍납토성 : 천호역 → 북벽 → 동벽 →
　　　　　경당지구 → 미래마을 →
　　　　　서벽 → 남벽
*몽촌토성 : 북 2문(올림픽공원) → 몽촌
　　　　　역사관 → 북문 → 서북쪽
　　　　　목책 → 서쪽 토단 → 충헌
　　　　　김공신도비 → 남문 → 움
　　　　　집터전시관 → 동문 → 동
　　　　　북쪽 목책

올림픽대교

서벽

남벽

서북쪽 목책

서쪽 토단

몽촌토성역

평화의 문

충헌김공신도비
몽촌토성

움집터
전시관

남문

한성백제박물관

올림픽공원

올림픽공원역

천호대교

미래마을

북벽

경당지굿

출발

풍납토성

천호역

동벽

송파해모로아파트

송파해모로아파트는 1,600년 전에
쓰던 우물이 발견된 곳이에요.

강동구청역

풍납토성 때문에
올림픽대교의 방향이
조금 틀어졌대요.
그만큼 우리의 것은
소중한 것이죠!

북문

몽촌역사관

북 2문
출발

동북쪽 목책

동문

알아 두세요!
몽촌토성 안에는 몽촌역사관과 움집터전시관, 한성백제박물관이 있어
요. 이 곳에서는 몽촌토성에서 출토된 백제 시대 유적이나 유물은 물
론, 서울의 고대 역사 및 문화와도 만날 수 있답니다.
– 관람 시간 : 9:00~18:00(1월 1일, 매주 월요일 휴관)
– 입장료 : 무료
문의 : 몽촌역사관 02) 2152-5900
       움집터전시관 02) 2152-5891
– 홈페이지 : 서울역사박물관 http://www.museum.seoul.kr
– 주차장 : 올림픽공원 주차장 이용(북 2문)

한성 시기의 백제 속으로!

우리는 흔히 백제를 이야기할 때, 웅진이나 사비 시기를 떠올리곤 해요. 하지만 백제가 다른 나라와 활발하게 교류하며 최고의 전성기를 누렸던 때는 바로 풍납토성과 몽촌토성을 도읍으로 삼았던 한성 시기랍니다. 풍납토성과 몽촌토성으로 체험학습을 떠나기 전에 먼저 잊혀져 있던 한성 시기의 백제 역사를 알아보도록 해요.

유물 맛보기

동전 무늬 도기

동전을 눌러 찍어 무늬를 만든 도자기로, 중국에서 수입된 것으로 보여요. 백제가 다른 나라와 문화 교류를 활발하게 했음을 보여 주는 유물이지요.

한강 유역에 백제를 건국하다

백제는 어떻게 시작되었을까요? 《삼국사기》에 실린 옛 이야기에 따르면, 백제의 시조인 온조왕의 아버지, 주몽은 원래 부여 사람이에요. 주몽은 부여의 왕자들이 시기해 죽이려 하자 졸본부여로 도망쳐 왔어요. 당시 졸본부여의 왕은 주몽을 눈여겨 보았다가 둘째 딸 소서노와 결혼을 시켰지요. 그 뒤 졸본부여의 왕이 죽자 주몽은 왕위에 올라 소서노와의 사이에서 비류와 온조, 두 아들을 낳았어요. 그런데 주몽이 부여에 있을 때 예씨 부인과의 사이에서 낳은 아들 유리가 찾아왔고, 주몽은 유리를 태자로 삼았지요. 주몽이 죽고 유리가 왕위에 오르자 소서노는 비류와 온조를 데리고 남쪽으로 내려왔어요. 비류는 미추홀에 자리를 잡았고, 온조는 한강 유역에 자리를 잡고 나라를 세웠지요. 온조는 54개의 부족 국가인 마한 땅을 조금씩 정복하며 점차 세력을 키워 나갔지만 비류는 그렇지 못했어요. 결국 비류가 이끌던 무리들도 온조가 흡수해 더욱 세력이 커졌어요. 그 나라가 바로 백제예요.

시조
한 겨레의 처음이 되는 조상을 뜻해요.

미추홀
지금의 인천으로 추정하고 있지만 경기도 양주, 파주, 연천을 잇는 임진강 근처일 가능성도 있어요.

남한산성을 온조왕이 쌓았다고?

남한산성은 흔히 신라 문무왕 때 쌓은 주장성의 옛 터를 활용해 1624년(인조 2)에 쌓은 것으로 알려져 있어요. 그런데 이 성을 온조왕의 성터였다고 보는 견해도 있답니다. 북한산성과 마찬가지로 백제가 하남 위례성에 첫 도읍을 정했을 때 도성을 지키는 성으로 쌓았다는 것이지요. 남한산성에는 조선 시대 때 지은 온조왕의 위패*를 모신 숭렬전이라는 사당도 있답니다.

온조왕묘 숭렬전
*위패 : 죽은 사람의 이름을 적은 나무패를 뜻해요.

여기서 **잠깐!**

백제는 나라 이름이 여러 개예요. 왜 그럴까요?

백제는 나라 이름을 몇 차례 바꾸었을 뿐 아니라, 기록을 보면 몇 가지 별명을 가지고 있었어요. 백제가 하나의 이름으로 불리지 않았다는 사실은 어떤 의미를 가질까요? 역사학자가 되어 자유롭게 해석해 보세요.

일본의 역사서 《일본서기》에 '위례국'이라는 나라가 등장해. 이는 하남 위례성에 도읍을 정했던 백제를 가리키는 것으로 보여.

중국의 역사서 《삼국지》에는 마한에 속하는 '백제(伯濟)국'이라는 나라가 나오는데, 이 나라가 '백제(百濟)'로 이름을 바꾼 것으로 보여. '伯'이 맏이(첫째)를 뜻한다면 '百'은 온누리를 뜻하지.

《삼국유사》에는 신라 선덕여왕 때 지은 황룡사 9층탑에 신라가 경계해야 할 나라로 '응유'가 새겨져 있대. 이것도 백제를 가리키는 것 같아.

성왕은 사비로 도읍을 옮기면서 '남부여'라고 이름을 바꾸었대. 부여(만주 지방에) 뿌리를 두고 있다는 것을 강조하기 위한 것이지.

고려 시대 책 《제왕운기》에는 백제를 가리켜 매를 뜻하는 '응준' 또는 '나투'라고 불렀다는 기록도 있어. 이것은 일종의 별칭으로 보여.

《삼국사기》에는 온조왕이 처음엔 나라 이름을 '십제'라고 했다가 나라가 커지면서 '백제'로 고쳤다는 기록이 있어. 하지만 이건 누군가 지어 낸 말인 것 같기도 해.

신하들을 이끌고 남쪽으로 내려온 온조왕은
한강 유역인 하남 위례성(또는 위례성)에 나라를 세웠어요.

고대 국가의 기틀을 다지다

온조왕이 자리 잡은 한강 유역은 산으로 둘러싸여 적의 침입을 막아 내기 쉽고, 강가의 평야는 농사가 잘 되는 축복받은 땅이었지요. 그래서 한강을 얻으면 천하를 얻는다고 할 만큼 탐내는 나라들이 많았어요. 그럼, 백제가 그 곳에서 어떻게 고대 국가의 모습을 갖추어 가는지 살펴볼까요?

다루왕, 우리 나라 최초로 금주령을 내리다?

《삼국사기》에 보면 다루왕이 금주령을 내렸다는 기록이 있어요. 이는 농사가 잘 안 되어 술을 빚지 못하게 했다는 것인데, 기록이 맞다면 최초의 금주령인 셈이죠. 하지만 이 기록을 그대로 믿지 않는 경우가 더 많아요. 그 이유는 백제의 건국 시기와 관련이 있어요. 《삼국사기》에는 백제가 기원 전 18년경에 세워졌다고 나와 있어요. 그런데 풍납토성 등 백제 유물·유적들을 조사한 결과, 백제를 세운 시기가 그보다 늦은 2세기 무렵으로 확인되었어요. 즉, 다루왕 때에는 논밭의 형태를 갖추지 못했다는 것이지요. 심지어는 다루왕이 풍납토성에서 살지 않았다고 보는 학자도 있답니다.

온조왕의 뒤를 이어 왕위에 오른 건 맏아들인 다루왕(2대)이었어요. 다루왕은 국력을 키워 **말갈**의 침입을 막아 내고, 백제의 영토를 넓히는 데 힘을 쏟았지요.

그 후 백제는 개루왕(4대), 초고왕(5대)을 거치면서 주변 나라들과 치열한 전쟁을 치르며 힘을 키웠어요. 그러다 본격적으로 나라의 기틀을 잡은 건 고이왕(8대) 때였지요.

말갈
고대에 만주 북동부에서 한반도 북부에 살던 부족으로 완전한 국가를 이루지는 못했어요. 고구려와 발해의 백성 중 일부도 말갈족이었지요.

백제 역사를 연구하는 많은 학자들이 고이왕 때 백제의 영토와 인구가 크게 늘어나고 각종 제도가 만들어지기 시작했다고 보고 있어

농사가 잘 되니 나라도 점점 커지겠군.

요. 《삼국사기》에는 고이왕 때 6좌평을 포함한 16관등제를 실시했다는 기록이 있어요. 하지만 고이왕 때는 6좌평 16관등이 모두 있었던 게 아니라 단순히 좌평제와 관등제가 막 시작되었다고 보기도 해요. 처음에는 좌평 수와 맡은 일이 정해지지 않았다가 나중에 차츰 정해졌으며, 관등도 처음에는 몇 개만 있었는데 나중에 16개로 늘었다는 것이지요. 그렇다고 하더라도 관등제를 실시했다는 건 지방 세력들을 중앙 귀족으로 끌어들여 중앙 집권화의 밑바탕을 다졌다는 데 큰 의미가 있어요. 이런 제도들을 통해 고이왕은 왕권을 강화한 뒤, 남당에 앉아 위엄 있게 나랏일을 돌보았지요. 또한 강력한 법을 만들어 관리들의 질서를 바로잡았답니다.

6좌평
나랏일을 돌보는, 오늘날의 장관 자리에 해당해요.

중앙 집권
국가의 통치 권력이 지방에 분산되어 있지 않고 중앙 정부에 집중되어 있는 통치 형태를 뜻해요.

남당
삼국 시대에 왕과 귀족 및 관리들이 모여 나랏일을 논하던 곳이에요.

백제는 관등에 따라 옷을 다르게 입었다고요?

백제의 일반 백성들은 붉은색이나 자주색 계열의 옷을 입지 못했다고 해요. 관리의 등급에 따라 다른 색 옷을 입도록 했는데, 대개 붉은색 계열이기 때문이에요. 신분이 높은 사람들에게 눈에 잘 띄는 화려한 색 옷을 입게 한 것은 멀리서도 신분이 높고 낮음을 구별하고 그에 맞게 대우하라는 뜻이 담겨 있어요. 이렇듯 관복의 색깔까지 엄격하게 구분하다 보니 백제는 귀족 중심의 국가로 빠르게 자리잡아 갔어요. 신분에 따라 관복이 어떻게 달랐는지 알아볼까요?

왕은 소매가 긴 자주색 옷에 청색 바지, 금꽃으로 장식된 검정 관에 흰 가죽 허리띠, 검정 가죽 신을 착용했어요.

1품에서 6품은 자주색 옷에 은꽃으로 장식된 관을 썼어요.

7품에서 11품은 붉은색 옷에 장덕(7품)은 보라, 시덕(8품)은 검정, 고덕(9품)은 붉은색, 계덕(10품)은 청색, 대덕(11품)은 황색 허리띠를 했어요.

12품에서 16품은 푸른색 옷에 문독(12품)은 황색, 무독(13품)에서 극우(16품)는 백색 허리띠를 했어요.

백제, 전성기를 맞이하다

백제는 3세기 무렵에 국가의 기틀을 마련하고 4세기 무렵(특히 근초고왕 때)에 중국과 일본을 잇는 해상 교역의 왕국으로 성장하게 된답니다. 그럼, 이제 백제가 성장해 가는 과정을 살펴보도록 해요.

마한 지역에서 서서히 세력을 넓히던 백제는 비류왕(11대) 때인 4세기 초에 낙랑군이 멸망하자 그 유민들을 받아들이며 더욱 빠르게 성장했어요.

그 뒤 근초고왕(13대)이 왕위에 오르자 영토 확장에 더욱 힘을 기울였어요. 이 때 백제는 고구려와 벌인 전쟁에서 이겨 강한 나라로 이름을 떨치기 시작했지요. 근초고왕은 아들 근구수왕과 함께 평양성 전투에서 고구려의 고국원왕을 죽이기도 했어요. 그러는 한편, 마한 땅 대부분을 차지하고 신라나 왜(일본)와는 화친을 맺어 나라의 안정을 꾀하였지요. 이 때가 백제 역사상 최고의 전성기였지요.

특히 백제는 바다 건너 왜와 가까이 지냈어요. 왜에 한자와 유교를 전해 준 것 역시 백제였지요. 백제 사람인 아직기와 왕인이 《논어》와 《천자문》을 가르쳐 주었고, 의학·역학·천문·지리·점술 등

낙랑군
한사군 즉, 중국 한나라에서 설치한 네 개의 행정 구역 중 하나예요.

화친
지배 계급끼리 서로 혼인을 하는 등 나라와 나라 사이에 다툼 없이 가까이 지내는 것을 뜻해요.

여기서 잠깐!

칠지도를 아시나요?

백제 왕이 왜나라 왕에게 선물한 쇠로 된 칼이에요. 근초고왕 때 만든 것으로 보고 있어요. 백제와 왜가 화친을 맺은 상징물로 볼 수 있지요. 이 칼에는 백제의 왕세자가 왜나라의 왕을 위해 만들었으니 후세에 길이 전해 주라는 내용이 새겨져 있어요. 그것을 통해 당시 왜가 백제보다 아래였음을 짐작할 수 있지요. 그런데 이 칼의 이름은 왜 칠지도일까요?

도움말 '칠지도'는 한자로 일곱 칠(七)에, 가지 지(支), 칼 도(刀)랍니다.

☞ 정답은 56쪽에

각 분야의 전문가인 '오경박사'들도 왜에 건너가 지식을 전해 주었어요. 한성 시기는 물론 웅진·사비 시기에도 백제는 중국에서 받아들인 여러 가지 앞선 문물들을 왜에 전파했어요. 집 짓는 기술과 기와 굽는 기술, 공예품 만드는 기술 등 생활에 필요한 여러 가지 기술들을 기술자들이 직접 건너가 가르쳐 주었지요.

호류사는 일본에서 가장 오래 된 목조 건물이야. 그 곳에 있는 불상과 공예품 대부분을 백제의 기술자들이 만들었단다. 그 밖에도 백제 사람들의 손길이 닿은 유적들이 아직도 일본에 여럿 남아 있지.

지금도 일본에는 백제 문화의 흔적들이 남아 있다는 데 사실인가요?

오경박사
백제 시대에 각 분야의 전문가에게 박사라는 관직을 주었어요. 그 중 성현의 가르침을 기록한 다섯 가지 책(경서)에 능통한 사람들을 '오경박사'라고 했어요.

일본의 고대 문화 형성을 도운 백제 사람들

백제는 일본에 한자와 유교뿐만 아니라 중국에서 받아들인 여러 가지 문물들을 전해 주었어요. 즉, 일본의 고대 문화에 상당한 영향력을 끼쳤지요. 그럼, 문화교류의 중심에 있었던 백제 사람들에 대해 알아보아요.

아직기는 근초고왕의 명령을 받아 왜에 건너가 왜나라의 왕에게 말 두 필을 선물한 뒤, 말 기르는 일을 맡아보았어요. 그런데 왜나라 왕이 아직기가 경서에 능통한 것을 보고 태자의 스승으로 삼았지요. 아직기의 학식에 감탄한 왜나라 왕은 아직기에게 부탁하여 백제에서 학문이 뛰어나기로 이름난 왕인 박사를 일본으로 초대하여 글과 학문을 가르칠 수 있도록 하였답니다.

왕인의 신사(일본 오사카)

왕인은 4세기 후반 혹은 5세기 초반에 일본으로 건너가 활동한 백제의 학자예요. 왜에 《논어》와 《천자문》을 전해 주고 태자의 스승이 되었지요. 왕인에게서 여러 경전과 책 속의 지식을 배운 태자는 통달하지 않은 것이 없었다는 기록이 있어요. 고대 일본에서는 삼국의 문물이 크게 유행하여 고대 문화 형성에 절대적인 영향을 미쳤는데, 그 중심에 왕인이 있었던 셈이지요. 현재 오사카에는 왕인의 무덤과 신사*가 있답니다.

*신사 : 일본에서 왕실의 조상이나 고유의 신앙 대상인 신 또는 국가에 공로가 큰 사람을 신으로 모신 사당을 뜻해요.

찬란한 한성 시기의 막을 내리다

근초고왕의 뒤를 이어 왕위에 오른 근구수왕(14대)은 태자 때부터 고구려와 벌인 전쟁에서 뛰어난 활약을 보였어요. 전염병과 가뭄, 흉년으로 고구려와 싸울 형편이 안 되었을 때에도 중국 대륙의 동진과 신라, 가야, 왜와 교류하여 외교적으로 고구려를 압박했지요. 그러나 근구수왕이 세상을 떠나자 백제는 그 세력이 약해졌어요. 그러다가 결국 고구려에 한성을 빼앗기게 되지요. 자, 그럼 백제의 한성 시기가 어떻게 막을 내리는지 그 과정을 살펴볼까요?

근구수왕의 뒤를 이어 왕위에 오른 침류왕(15대)이 병에 걸려 일찍 죽자, 태자(아신왕)가 너무 어리다는 이유로 침류왕의 동생 진사왕(16대)이 왕위에 올랐어요. 그렇게 백제가 권력 다툼의 소용돌이에 휘말리게 된 틈을 타 고구려의 광개토왕이 백제를 공격해 왔지요. 고구려는 당시 고국원왕의 죽음으로 백제를 원수처럼 여겼답니다.

백제는 20일 만에 10개의 성을 내 주고 가장 중요한 요새인 관미성마저 빼앗기게 되지요.

> **동진**
> 중국 남북조 시대에 진나라 멸망 후 왕족 사마예가 317년 지금의 난징에 세운 나라예요.

개로왕 때 고구려의 공격을 받아 한성 중 북성은 7일 만에 무너지고 남성도 곧바로 함락되었어요.

 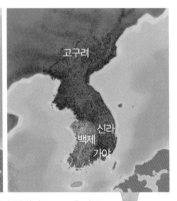

백제 전성기(4세기) 때 지도(왼쪽)와 고구려 전성기(5세기) 때 지도(오른쪽)
두 지도를 비교해 보면 전성기 때에 비해 백제의 영토가 많이 줄어들었음을 알 수 있어요.

진사왕의 뒤를 이어 왕위에 오른 아신왕(17대)은 관미성을 되찾고자 고구려를 계속해서 공격했어요. 이에 광개토왕이 직접 군사를 이끌고 와 아신왕의 항복을 받아 냈지요.

아신왕 이후에도 백제는 안정을 되찾지 못하고 혼란스러운 상태가 계속 되었어요. 비유왕(20대)은 어지러워진 민심을 달래기 위해 애쓰는 한편, 그 동안 돌보지 못한 외교 관계에 신경을 썼어요. 그리고 고구려 장수왕이 남쪽으로 영토를 넓히려 하자 그것을 막기 위해 신라와 동맹을 맺었지요. 하지만 비유왕이 갑자기 세상을 떠나고 개로왕(21대)이 왕위에 오르게 된답니다.

개로왕은 북위와 손잡으려 했으나 이루지 못했어요. 그리고 고구려 첩자인 승려 도림의 꾀에 넘어가, 무리하게 궁궐을 짓고 성을 쌓는 일에 몰두하였지요. 도림은 그 사실을 장수왕에게 알렸고 개로왕은 결국 장수왕의 공격을 받아 한성을 빼앗기고 비참한 죽음을 맞이하고 말지요. 이로써 500여 년의 찬란했던 백제의 한성 시기도 막을 내리게 되었답니다.

☞ 정답은 56쪽에

17

승려인 도림은 어떻게 개로왕을 꾀었을까요?

개로왕은 바둑을 무척 좋아했대요. 그런데 고구려의 승려인 도림은 바둑을 아주 잘 두었지요. 그래서 고구려 장수왕은 도림을 고구려에서 도망친 사람으로 위장해 백제로 보냈어요. 도림은 백제로 들어가자마자 바둑으로 기쁨을 드리고 싶다고 개로왕에게 고하였어요. 도림의 바둑 실력에 반한 개로왕은 도림을 가까이 두고 그의 말에 귀를 기울이게 되었다고 해요.

동맹
여러 나라가 서로의 이익이나 같은 목적을 위하여 결합하는 것을 뜻해요.

여기서 잠깐!

개로왕이 죽은 곳은 어디일까요?

고구려군에게 잡힌 개로왕은 장수왕이 있던 이 곳으로 끌려가 죄인 취급을 받으며 죽임을 당했다고 해요. 이 곳은 한성과 한강을 사이에 두고 마주하고 있으며, 아단성이라고도 했어요. 고구려 온달 장군이 전사한 곳이라는 이야기도 전해 오고 있지요. 이 곳은 어디일까요?

도움말 조선 시대 때 명종이 홍계관이란 점쟁이를 '아차' 하는 실수로 사형시킨 곳이라 해서 그런 이름이 붙여졌다고도 해요.

백제와 고구려의 뿌리가 같다는 걸
어떻게 알 수 있죠?

백제를 건국한 온조왕이 부여 사람인 주몽의 아들이라는 것은 앞에서 이야기했어요. 그렇다면 치열하게 싸웠던 백제와 고구려가 형제의 나라라는 뜻인데, 쉽게 믿어지지 않지요? 하지만 여러 가지 증거들이 그 사실을 뒷받침해 주고 있답니다. 어떤 증거들이 있는지 알아보아요.

설화란 입에서 입으로 전해 내려오는 이야기를 말해요. 다시 말해 사람들이 지어 낸 이야기이지요. 그러니 있는 그대로 믿을 수는 없어요. 그렇다고 완전히 무시할 수도 없지요. 왜냐하면 설화에는 그 민족의 역사적 경험이 반영되어 있기 때문이에요. 백제를 세운 온조왕이 형인 비류와 함께 고구려를 떠나 남쪽으로 내려왔다는 기록인 《삼국사기》의 온조 설화에는 고구려 지역에서 남쪽으로 이주해 온 사람들이 백제를 세웠다는 역사적 경험이 반영되어 있답니다.

설화(또는 신화) 속의 한 사람은 보통 어느 집단을 상징해요. 즉, 온조와 비류의 관계는 집단과 집단 사이의 동맹 관계라고 볼 수 있어요. 온조 설화에서 비류가 형이고, 온조가 동생이에요. 고대에는 보통 형이 왕위를 물려받았어요. 그런데 백제에서는 동생인 온조가 나라의 시조가 되었지요. 이것은 무엇을 의미하는 걸까요? 형이란 먼저 태어난 사람이에요. 따라서 이것은 비류 집단이 먼저 한강 유역에 자리잡은 사실을 상징하는 것으로 보여요. 뒤이어 온조 집단이 한강 유역에 정착하였는데, 온조 집단이 더 강한 경제력과 군사력을 가져, 나중에는 비류 집단 사람들까지 흡수한 것으로 볼 수 있어요.

백제도 고구려처럼 부여를 이어받은 나라였군요.

석촌동에 있는 백제 고분군에는 고구려 사람들이 만들었던 돌무지무덤이 있단다.

석촌동 백제고분공원

이런 설화 속 이야기가 허무맹랑하지만은 않다는 사실은 유적을 통해서도 입증할 수 있어요. 서울시 송파구 석촌동에는 백제고분공원이 있어요. 원래는 백제의 왕릉을 비롯해 지배 계급의 무덤들이 있던 곳인데, 지금은 돌을 쌓아 만든 무덤 몇 기만 남아 있어요. 예전에는 돌을 쌓아 만든 이런 무덤을 '적석총' 이라 불렀어요. 지금은 흔히 '돌무지무덤' 이라 부르지요. 이런 무덤이 가장 많은 곳은 고구려의 도성이 있던 중국의 지린 성 지안 시예요. 그곳에는 장군총을 비롯해 수백 수천 기의 돌무지무덤이 곳곳에 무리를 이루고 있지요. 즉, 돌무지무덤은 고구려 사람들이 많이 만들었던 무덤이에요. 그런데 그것과 닮은 모양의 무덤들이 백제의 도읍지, 특히 백제의 지배 계급의 공동 묘지였던 곳에서 발견된 거예요. 백제를 세운 사람들이 고구려에서 남쪽으로 내려왔다는 이야기에 대한 증거라고 할 수 있지요.

중국 지린 성 지안 시에 있는 고구려 장군총

여기서 잠깐!

그 밖의 증거들을 찾아라!

백제와 고구려의 뿌리가 같음을 말해 주는 또 다른 증거들을 찾아보아요.

증거 1
온조왕은 건국 후 가장 먼저 동명왕묘를 세웠어. 동명왕은 고구려를 세운 주몽을 뜻하지.

증거 2
성왕은 538년 수도를 웅진에서 사비로 옮기고 나라 이름을 '남부여'로 바꾸었대.

증거 3
백제의 조상이 부여에서 나왔으므로 부여를 성씨로 삼았다는 기록이 있어. 멸망 당시에도 의자왕의 아들들 이름이 부여융과 부여풍이었지.

증거 4
개로왕이 472년 고구려의 침략을 막기 위해 북위에 보낸 문서에 직접 '백제는 고구려와 더불어 그 뿌리가 부여에서 나왔다.'고 밝힌 바 있대.

풍납토성과 몽촌토성을 가다

백제는 500여 년 동안 한성에 도읍을 정하고 동북아시아를 호령하는 강대국으로 성장하였어요. 바로 그 중심에 풍납토성과 몽촌토성이 자리하고 있었다고 볼 수 있지요. 왜냐고요? 그 해답을 찾아 지금부터 풍납토성과 몽촌토성으로 직접 찾아가 보아요.

이것만은 꼭 지켜 주세요!

풍납토성은 우리의 소중한 문화유산이에요. 따라서 잘 보전될 수 있도록 다음의 사항들을 꼭 지켜 주세요.

1. 토성 안에는 애완견과 자전거 등의 출입을 삼가 주세요.
2. 토성 주변의 울타리를 넘어 다니지 말아요.
3. 토성 안의 잔디를 보호해 주세요.
4. 토성 안에 쓰레기를 버리지 말아요.
5. 토성 안에서 큰 소리로 떠들거나 오락 행위를 하지 말아요.

유물 맛보기

'大夫(대부)'가 새겨진 토기

벼루와 함께 '大夫(대부)', '井(정)'
등의 한자가 새겨진 토기들이 풍
납토성에서 발견되었답니다. 이를
통해 당시 백제 사회에서 한자가
일상적으로 사용되었음을 짐작할
수 있어요.

그 높던 성벽은
다 어디로 가고,
이렇게 흔적만이 남았구나!

오랜 침묵에서 깨어난 한성 백제

풍납토성이나 몽촌토성이 한성 시기 백제의 중요한 성이라는 가치를 인정받기 시작한 건 그리 오래 되지 않았어요. 특히 풍납토성의 경우는 고구려 장수왕에게 한성이 함락돼 백제가 망한 지 1,500여 년 만에야 침묵을 깨고 진면목을 드러내기 시작했지요. 그 동안은 우리가 그 가치를 몰라봤기 때문에 그냥 내버려 두었던 셈이에요. 그럼, 풍납토성과 몽촌토성을 직접 둘러보기 전에 어떻게 그 가치가 드러나게 되었는지 살펴보도록 해요.

풍납토성을 깨운 을축년 대홍수

풍납토성이 자신의 가치를 서서히 드러내기 시작한 건 일제 강점기 때부터였어요. 바로 1925년(을축년)에 있었던 대홍수로 풍납토성에 잠들어 있던 유물들이 밖으로 드러나게 된 것이에요. 홍수가 당시 최고의 고

풍납토성 발굴 모습
2007년에 풍납토성 안에서 발견된 큰 집자리예요. 사진 속 사람들의 크기와 비교해 보면 얼마나 큰 건물터인지 알 수 있지요.

을축년 대홍수 때 발굴된 청동 초두

고학자였던 셈이죠.

풍납토성 안 남쪽 흙더미에서는 항아리 속에 담긴 청동 초
두를 비롯하여 금가락지, 백동으로 만든 거울, 청동 **쇠뇌**,
금으로 된 허리띠 장식, 네 등분한 원형 무늬의 **수막새**
등이 발견되었어요. 그런데 안타깝게도 지금은 청동 초두를 제외하
고는 기록만 남아 있을 뿐 모두 어디로 갔는지 알 수 없답니다. 이
때 발굴된 유물들이 워낙 화려했기 때문에 풍납토성의 가치를 알아
보는 사람들도 있었어요. 하지만 이내 묻혀 버리고 그 뒤 성벽만이
사적으로 지정되었을 뿐 발굴은 거의 이루어지지 못했지요.

그러다가 1990년대에 강남 일대가 개발되면서 아파트를 짓기 위
해 성벽 안쪽을 파헤쳐지기 시작했어요. 그리고 1997년 아파트 공사
현장에서 백제의 초기 유물들이 발견되었지요. 그 뒤 본격적으로 발
굴이 시작되었고, 지금까지 많은 유물들이 세상에 드러났어요.

🟤 **쇠뇌**
활보다 멀리 쓸 수 있는
공격용 무기를 말해요.

🟤 **수막새**
처마 끝을 마무리하는
기와의 한 종류예요.

여기서 잠깐! 백제의 유적 위에 아파트를 짓다?

풍납토성은 발굴 당시 개발과 보존을 놓고 이견이 많았어요. 성 안쪽의 아파트
공사 현장에서 백제 시대의 움집들과 '3중환호'라고 부르는 세 겹의 긴 도랑 등이
발견되고 성벽 바깥쪽에서는 1,600년 전에 썼던 우물이 발견되었지요. 하지만 발굴이 끝난
뒤 그 위에 아파트를 지었어요. 여러분의 생각은 어떠한지 써 보세요.

보존하는 게 옳아!
한번 사라진 유적은 다시는
되돌릴 수 없고 우리뿐만 아니라
다음 세대를 위해서도
남겨 놓아야 해.

그렇다고 아파트 주민들에게
피해를 주어서는 안 된다고 생각해.
하루아침에 살 집이 없어졌다고
생각해 봐! 주민들의 땅이니
집을 짓는 게 옳아!

정답은 56쪽에

88올림픽이 낳은 스타, 몽촌토성

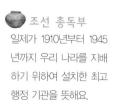

● 조선 총독부
일제가 1910년부터 1945
년까지 우리 나라를 지배
하기 위하여 설치한 최고
행정 기관을 뜻해요.

● 고적
옛 건물이나 물건이 있
던 터를 뜻해요.

몽촌토성이라는 이름은 조선 시대부터 성 안에 있었던 곰말(꿈말), 곧 몽촌(夢村)이라는 마을에서 유래되었어요. 그러나 1963년 이 곳이 서울에 포함되기 전에는 경기도 광주군 중대면 2리에 속해 일제 강점기에는 '이리산성'이라고 부르기도 했지요. 몽촌토성이 문화유적으로 처음 기록된 것은 1916년이에요. 조선 총독부에서 작성한 우리 나라 고적에 대한 보고서에서였어요. 그러나 그 뒤 방치되다시피 하다가 88올림픽 개최 장소가 서울로 확정되면서 이 곳을 포함한 주변 일대를 올림픽공원으로 만들던 중 새삼 백제 왕성으로 주목받게 되었지요. 그러다가 1997년부터 풍납토성의 본격적인 발굴이 이루어지면서 풍납토성과 더불어 백제의 도성으로 인정받게 되었답니다.

몽촌토성 발굴 전 모습

'성곽'이란 무엇일까요?

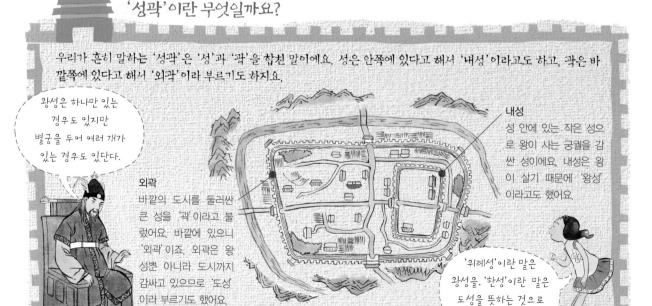

우리가 흔히 말하는 '성곽'은 '성'과 '곽'을 합친 말이에요. 성은 안쪽에 있다고 해서 '내성'이라고도 하고, 곽은 바깥쪽에 있다고 해서 '외곽'이라 부르기도 하지요.

왕성은 하나만 있는 경우도 있지만 별궁을 두어 여러 개가 있는 경우도 있단다.

외곽
바깥의 도시를 둘러싼 큰 성을 '곽'이라고 불렀어요. 바깥에 있으니 '외곽'이죠. 외곽은 왕성뿐 아니라 도시까지 감싸고 있으므로 '도성'이라 부르기도 했어요.

내성
성 안에 있는 작은 성으로 왕이 사는 궁궐을 감싼 성이에요. 내성은 왕이 살기 때문에 '왕성'이라고도 했어요.

'위례성'이란 말은 왕성을, '한성'이란 말은 도성을 뜻하는 것으로 볼 수 있어요.

풍납토성은 정말 백제 왕성이었을까요?

풍납토성은 한성 시기 백제의 도성이라고 했어요. 그런데 풍납토성을 백제 왕성으로 보는 경우가 많아요. 그 까닭은 무엇일까요? 그 이유는 화려하고 수준 높은 백제의 유적·유물이 가장 많이 발견되었기 때문이에요. 그 중 대표적인 것만 살펴보도록 해요.

제사 지내던 곳 - 경당지구

경당지구에서 출토된 말 머리뼈

1999년에 풍납토성 안의 경당지구라는 곳에서 번듯하게 높이 지은 건물터가 발견되었어요. 그 옆에는 말 머리뼈가 묻혀 있었는가 하면, 깨진 그릇들이 산더미처럼 쌓인 채 발견되기도 했지요. 그래서 그 곳이 제사를 지내던 곳은 아닐까 추측하는 사람들이 많아요. 당시에는 왕이 직접 제물을 바치고 제사를 지냈다는 기록이 있거든요.

제사에 쓰이는 귀한 초두

풍납토성에서 발견된 초두는 중국에서 수입했거나 중국의 초두를 본떠 만든 것으로 보여요. 제사나 특정한 행사에 많이 쓰이는 초두가 출토되었다는 건 풍납토성에 대단한 시설이 있었다는 뜻일 수 있지요.

수준 높은 위생 시설 - 하수관(토관)

지금은 하수도·하수관이 흔하지만, 조선 시대까지도 하수관을 만들어 쓸 생각을 거의 하지 못했어요. 그런데 풍납토성에서는 흙을 구워 만든 하수관이 많이 출토되었어요. 그런 위생적인 시설을 갖춘 곳은 아무래도 당시 지배 계급들이 살던 곳이었겠지요?

잘 정비된 도로와 집들

2006년에 미래마을이라는 곳에서 자갈을 촘촘히 깔아 놓은 도로가 발견되었어요. 도로 옆에는 비가 왔을 때 물이 잘 빠지도록 도랑도 설치되어 있었지요. 그리고 곳곳에서 이른 시기에 만들어진 집들도 발견이 되었답니다.

풍납토성에서 발견된 도로터

한성 시기를 대표하는 두 개의 성

🎡🎡🎡🎡🎡🎡🎡🎡🎡🎡🎡

도성을 왜 두 개로 지었을까요?

왕은 동서남북을 모두 통솔해야 했기 때문에 왕성은 대부분 도시의 중앙에 있었어요. 그런데 전쟁이 잦아지자 안전한 곳이면 어떤 모습이든 상관없다고 생각하게 되었지요. 백제의 한성도 그런 경우인 것 같아요. 북성(풍납토성)은 주로 백성들의 마을이 있었던 곳이고, 남성(몽촌토성)은 왕이 전쟁을 대비해 준비한 곳으로 보이지요. 중국도 산이 많은 지역에 있는 나라들은 외곽은 평지에 짓고 내성은 가까운 구릉 지대에 짓는 경우가 있었어요. 물론 왕은 백성들과 멀리 떨어져 있을 수는 없으므로, 내성과 외곽의 거리는 매우 가까웠지요.

🎡🎡🎡🎡🎡🎡🎡🎡🎡🎡🎡

지금까지 살펴본 것에 따르면 풍납토성과 몽촌토성이 한성 시기의 도성이고, 특히 풍납토성은 왕성일 가능성이 매우 높음을 알았어요. 그럼, 풍납토성과 몽촌토성은 어떤 과정을 거쳐 한성 시기의 도성으로 인정받게 되었을까요?

《삼국사기》에 따르면, 온조왕은 강 남쪽의 하남 위례성(또는 위례성)을 도읍으로 삼았어요. 그렇다면 그곳은 지금의 어디일까요? 많은 학자들이 찾은 갖가지 증거를 기초로 연구한 결과, 강 남쪽이란 지금의 한강 남쪽을 뜻한다는 결론을 얻었지요. 한강 남쪽에서 백제 시대 성곽을 찾아보니 풍납토성과 몽촌토성 두 개가 있었어요.

그런데 백제는 왕이 살던 성을 처음에는 하남 위례성이라고 부르

가지가지 다양한 성의 종류

성에도 종류가 아주 많아요. 재료, 기능, 지형에 따라 다양하게 나뉘어요. 여기에서는 기능을 중심으로 성의 종류에는 어떤 것들이 있는지 함께 살펴보도록 해요.

도성
도성은 왕궁이나 종묘사직, 즉 왕실과 나라를 지키기 위한 성을 말해요. 사진은 조선 시대에 쌓은 '한양도성'이에요.

산성
유사시를 대비해 방어용 또는 도피용으로 산에 쌓은 성을 뜻해요. 사진은 고구려의 '온달 산성'이에요.

지형에 따라서는 산에 쌓으면 '산성', 평지에 쌓으면 '평지성'이라고 했어요.

다가 나중에 한성으로 이름을 바꾸었어요. 그래서 학자들은 첫 도읍지인 하남 위례성에 또 하나의 성을 쌓고 두 개의 성을 합쳐 한성이라 불렀다고 보고 있지요. 마침 두 성은 서로 가까이에 나란히 있었는데, 사람들은 북쪽에 있는 성을 북성, 남쪽에 있는 성을 남성이라고 불렀어요. 그래서 475년 겨울, 장수왕이 이끈 고구려 군대가 7일 만에 빼앗은 북성을 지금의 풍납토성, 개로왕이 머물다가 잡힌 남성을 지금의 몽촌토성으로 추정하는 것이지요.

한강을 차지한 뒤 고구려가 쌓은 보루
풍납토성과 몽촌토성은 한강을 사이에 두고 아차산의 보루들과 마주하고 있어요.
아차산의 보루들은 한성을 함락시킨 고구려군이 머물러 있던 곳이에요.

개로왕이 남성에 있었다면 몽촌토성이 왕성 아닌가요?

개로왕이 남성에 있다가 잡혔다고 하니 왕궁은 남성 즉, 몽촌토성에 있었던 것 아니냐고요? 그럴 가능성도 있지만, 반드시 그렇게 보아야 하는 건 아니에요. 조선 시대에 청나라 군대가 쳐들어오자 임금이 한양성을 버리고 가까운 남한산성으로 들어가 버틴 것처럼, 백제의 개로왕도 고구려군이 쳐들어오자 가까운 산성으로 피난했다가 잡혔다고 볼 수도 있기 때문이죠.
풍납토성에 왕이 살았을 가능성이 높지만 한성이 함락되던 때에 개로왕이 몽촌토성에 있었고 몽촌토성 안에서도 최고급 유물들이 많이 출토되어 몽촌토성 역시 왕이 살았을 가능성이 있지요.

이 밖에도 창고를 보호하기 위해 쌓은 '창성', 군사적 요충지에 쌓아 군인들이 주둔했던 '진성'과 '보' 등이 있단다.

읍성
읍성은 지방의 행정, 경제, 군사의 중심지를 뜻해요. 사진은 우리 나라의 대표적인 읍성인 '해미읍성'이에요.

행성
행성은 왕이 지방으로 행차할 때 임시로 묵는 궁성을 가리켜요. 사진은 세계문화유산으로 등재되어 있는 '수원화성'이에요.

풍납토성을 만나요!

풍납토성은 지금까지 발굴된 우리 나라 고대의 성 중에서 가장 큰 토성이라고 해요. 또 유물의 보물창고라 할 만큼 수많은 유물들을 쏟아 내고 있지요. 게다가 나이도 최소한 1,700년은 되었다고 하니 정말 대단하죠? 자, 그럼 이제 본격적으로 풍납토성을 돌아보아요.

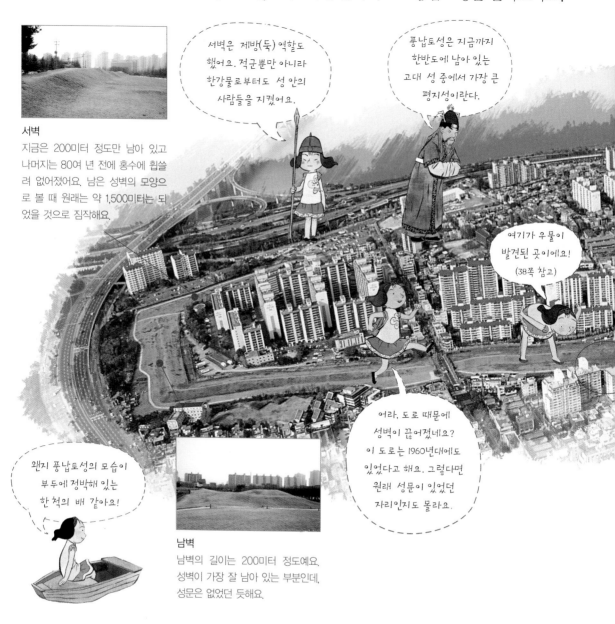

서벽
지금은 200미터 정도만 남아 있고 나머지는 80여 년 전에 홍수에 휩쓸려 없어졌어요. 남은 성벽의 모양으로 볼 때 원래는 약 1,500미터는 되었을 것으로 짐작해요.

서벽은 제방(둑) 역할도 했어요. 적군뿐만 아니라 한강물로부터도 성 안의 사람들을 지켰어요.

풍납토성은 지금까지 한반도에 남아 있는 고대 성 중에서 가장 큰 평지성이란다.

여기가 우물이 발견된 곳이에요!
(38쪽 참고)

어라, 도로 때문에 성벽이 끊어졌네요? 이 도로는 1960년대에도 있었다고 해요. 그렇다면 원래 성문이 있었던 자리인지도 몰라요.

왠지 풍납토성의 모습이 부두에 정박해 있는 한 척의 배 같아요!

남벽
남벽의 길이는 200미터 정도예요. 성벽이 가장 잘 남아 있는 부분인데, 성문은 없었던 듯해요.

미래마을

1,600년 전의 도로와 얕은 움집 등
이 발견된 곳이에요. 각종 토기와 그
물추* 등이 많이 나왔어요. 얼마 전
까지 미래마을이라는 연립 주택이
있던 곳이어서 '미래마을' 이라고 부
른답니다. 지금도 발굴 조사가 계속
이루어지고 있지요.
*그물추 : 물 속에 쉽게 가라앉도록
그물 끝에 매다는 돌 등을 말해요.

경당지구

1,600여 년 전에 지은 멋진 지상 건
물과 얕은 움집, 연못, 쓰레기장 등
의 흔적이 발견된 곳이에요. 수천 점
의 유물도 출토되었어요. 발굴 조사
하기 전에 경당연립이라는 주택이
있던 곳이어서 지금도 '경당지구' 라
고 부르지요.

북벽

북벽의 길이는 약 300미터예요. 옛
날 모습을 추정해서 1976~1978년에
다시 쌓은 곳이지요. 당시 원래 모습
을 충분히 조사하지 않고 쌓았기 때
문에 잘못 복원했다는 지적을 받고
있어요.

> 북벽을 따라가다 보면
> 'ㄱ'자 모양으로 성벽이
> 슬그머니 꺾어지지?
> 꺾어지는 부분까지가 북벽이고
> 나머지가 동벽이란다.

> 언덕 부분만 성벽인 줄
> 알았지? 산책로 부분도
> 성벽이란다.

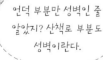

동벽

동벽의 길이는 약 1,500미터예요. 그
중 파괴되어 흔적을 찾을 수 없는
곳도 있지만, 대부분은 아직 흔적이
뚜렷하게 남아 있어요. 1999년에 성
벽 두 군데를 발굴 조사했는데, 성벽
의 너비는 43미터, 높이는 9미터 이
상이었어요. 성문은 세 군데 정도 있
었을 것으로 짐작하지요.

> 동벽이 끊어진 부분을
> 조금 걸어가다 보면
> 산책로가 나와요.
> 그 옆으로 잔디가 있는
> 야트막한 언덕도 보이고요. 바로
> 동벽이 이어지는 부분이지요.

풍납토성은 어떻게 쌓았을까?

풍납토성을 하늘에서 내려다보면 성벽이 일직선이지요. 그럼 어떤 과정을 거쳐 이처럼 반듯반듯한 성을 쌓았는지 알아보아요.

성벽을 발굴 조사했더니 성벽의 폭이 최소한 43미터는 되었어요. 성벽 높이는 9미터까지 확인되었는데, 원래 높이는 11미터에 이르렀을 것으로 짐작하지요.

쌓는 방법은 발굴 지점마다 조금씩 달랐지만 매우 과학적이고 복잡하다는 공통점이 있었어요. 먼저, 황갈색 모래 땅 위에 뻘흙을 대략 50센티미터 두께로 깔고, 그 위에 다시 모래 성분이 많은 진흙을 20센티미터 정도 깔았어요. 계속 여러 종류의 진흙을 번갈아 두껍게 쌓아 가며 단단하게 다졌는데, 이처럼 흙을 층층이 다져 가며 쌓는 방식을 '판축법'이라고 해요.

그런데 성벽을 어떻게 그처럼 높이 쌓았을까요? 우선 바닥 폭을 넓히기 위해서 성벽 중앙부에 '중심 토루'라고 불리는 기준벽을 만들어요. 그 다음 안쪽과 바깥쪽으로 각각 덧대거나 잇대어 진흙을 겹겹이 쌓아올리는 방법을 썼어요. 성벽 바닥에는 군데군데 뻘흙을 1~3겹씩 두껍게 깔았어요. 뻘흙은 나무틀 안에 넣어 단단하게 했는데, 뻘흙을 10센티미터 정도 깔고 그 위에 나뭇잎이나 볏짚 등을 1~2센티미터 깐 다음 다시 뻘흙을 덮는 방법을 12차례나 반복했지요. 이처럼 뻘흙에 식물 유기체를 교대로 섞는 방법을 '나뭇잎 깔기'라고 하는데, 지진 등의 충격을 잘 견딜 수 있어 고대에 성벽이나 제방을 쌓는 방법으로

유기체
생명을 가지고 생활하는 기능을 가진 조직체를 뜻해요.

덧대거나 잇댄 부분   중심 토루

뻘흙

풍납토성 성벽의 단면도

널리 이용했어요.

　또, 안쪽 성벽에는 여러 겹의 두꺼운 진흙층 위에 10센티미터 크기의 반질반질한 강돌을 촘촘히 박아 넣은 곳도 있었어요. 강돌은 흙이 흘러내리는 것을 방지하는 것은 물론, 물을 잘 빠지게 하는 기능까지 했던 것 같아요. 그리고 가장 안쪽 성벽에는 큼지막한 돌로 높이 약 1.7미터의 돌담을 쌓은 뒤 흙으로 덮어 성벽을 만들어 놓았어요. 돌담을 쌓은 구간은 폭이 3미터는 넘을 것으로 보고 있어요. 돌담은 모두 모래 성분이 많은 진흙으로 두껍게 덮여 있어서 발굴하기 전에는 돌이 있었는지 전혀 알 수 없었답니다. 이렇게 돌과 흙을 섞어 만드는 방법을 '토석혼축'이라고도 해요.

잘 달라붙고 물이 잘 빠지지 않는 뻘흙과 나뭇잎을 층층이 쌓으면 층 사이에 마찰력이 생겨 흙벽이 밀리는 현상을 막아 주지요.

중심 토루에서 안쪽으로 7~8미터 떨어진 곳에서는 잘 다듬어진 각목들이 일정한 규격으로 짜맞추어진 모습을 볼 수 있어요. 아마 뻘흙을 깔 때 쓰던 틀이었을 거예요.

풍납토성은 평지 위에 판축법으로 흙을 다져서 높은 성벽을 쌓았어요. 나무로 틀을 짜고 그 안에서 흙을 다져 단단하게 했어요.

몽촌토성을 만나요!

풍납토성을 다 둘러보았으니 이제 몽촌토성으로 가 볼까요? 몽촌토성 안팎에는 몽촌역사관과 움집터전시관은 물론, 조선 시대의 유명한 학자인 **충헌 김 공의 신도비**도 있으니 구석구석 살펴보아요.

충헌 김 공의 신도비
이 비는 숙종 때 우의정을 지낸 충헌공 김 구의 신도비로서 1743년(영조 19)에 세워졌어요.

위에서 내려다보면 성 모양이 찌그러진 마름모꼴을 닮았단다.

목책
동북벽과 서북벽에는 목책이 서 있어요. 특히 서북벽의 목책은 원래 목책이 있던 자리에 기둥을 박아 복원한 것이죠.

서쪽에는 정식 성문이 아니라 몰래 드나드는 비밀 통로가 있었을 것으로 보여요.

여기서 잠깐!

어떤 역할을 하던 곳일까요?

다음 설명을 잘 읽고, '목책, 토단, 해자, 보루' 중 무엇에 관한 설명인지 괄호 안에 써 보세요.

① ( )
성과 성 밖을 물로 가로막는 것으로, 적이 성으로 접근하는 걸 막는 방어 시설의 하나예요.

② ( )
적의 침입을 막기 위해 돌 따위로 튼튼하게 쌓은 작은 성을 말해요.

③ ( )
성곽의 가장 기초적인 형태로, 적군이 성벽을 타고 올라오지 못하도록 나무를 땅에 박아 가로, 세로로 엮어 만든 담이에요.

④ ( )
성벽 중 다른 곳보다 3~5미터 정도 높게 쌓은 곳을 말해요. 흔히 주위 동정을 살피는 망루가 있던 곳이죠.

정답은 56쪽에

서쪽 토단
서쪽 토단은 높이 44.8미터의 봉우리예요. 불과 수십 년 전만 해도 이곳에서는 한강 건너편까지 잘 보였다고 해요.

서벽 바깥에 작은 하천이 있는데, 이건 일부러 땅을 파 내고 성내천의 물을 안으로 끌어들인 것 같아요.

북문
북문이 있던 곳이에요. 지금은 주변 성벽이 많이 무너져 내렸지만 예전에는 이 곳에 멋진 성문이 있었을 거예요.

성내천
성내천이 동벽과 북벽을 감싸며 흐르다가 한강으로 흘러 들어가요. 성벽을 감싼 하천이니 자연적으로 생긴 해자인 셈이죠. 또한 이곳은 생태경관보전지역이기도 하답니다.

외성(보루)
몽촌토성 옆에는 작은 보루 하나가 더 딸려 있어요. 동문과 북문 사이의 성벽 바깥에 조그마한 언덕이 있는데, 그 꼭대기 부분에 길이 약 270미터의 보루가 있었지요. 이 보루를 '외성'이라고 부르기도 해요.

북쪽 토단

동문
동문이 있던 곳이에요. 안쪽으로 작은 평원이 펼쳐지지요. 바깥쪽에는 원래 성내천이 흘렀는데, 체육관을 짓느라 하천의 길을 바꾸어 버렸어요.

몽촌토성 안에는 성문들을 연결하는 도로가 어느 정도 질서 정연하게 놓여 있어요.

성벽 둘레는 2,285미터이고, 성의 면적은 21만 6천 제곱미터예요. 서울월드컵경기장의 4배 정도의 크기지요.

동쪽 토단
동쪽 토단은 높이 37.5미터인데, 생흙과 돌로 된 층 위에 30센티미터 가까이 진흙을 깔고 또 그 위로 적갈색의 모래 흙을 켜켜이 쌓은 흔적이 뚜렷해요.

몽촌토성에는 원래 3개의 문이 있었던 것 같아요. '남문, 동문, 북문'의 흔적이 지금도 남아 있어요.

남쪽 토단
남쪽의 토단은 높이 37.3미터이며, 예전에는 이 곳에 오르면 백제 고분군이 위치한 가락동·석촌동 일대가 한눈에 들어왔다고 해요.

남문
남문이 있던 곳이에요. 조선 시대 때 성문 안쪽의 평평한 곳에 바로 '몽촌'이라는 마을이 있었지요.

몽촌토성은 어떻게 쌓았을까?

몽촌토성은 원래 야트막한 산에 쌓은 산성이에요. 그래서 성벽이 구불구불하고 규칙적이지 않아요. 그러니 평지성인 풍납토성과는 쌓는 방법이 조금 달랐겠죠? 어떻게 달랐는지 알아보아요.

먼저 몽촌토성은 자연적으로 형성되어 있는 구릉을 조금씩 다듬어 성벽으로 만들었어요. 우선, 높은 구릉은 경사진 곳을 가파르게 깎아 냈어요. 다른 지점보다 낮은 곳은 흙을 켜켜이 다지는 판축법으로 쌓아 서로 연결했지요. 그리고 서쪽·남쪽·북쪽의 성벽처럼 자연적으로 형성된 구릉이 조금 낮다 싶으면 구릉의 정상부를 바깥쪽에서 덧쌓아 높이기도 했어요. 북문 터와 동벽을 비롯한 여러 곳에서는 나중에 다시 쌓은 흔적이 발견되었지요. 성벽을 쌓을 때에는 진흙, 모래흙 등 여러 종류의 흙을 이용했어요.

자연 지형을 최대한 이용했기 때문에 성벽의 높이는 지점마다 달라요. 지금의 지표면을 기준으로 할 때 높이가 10미터도 되지 않는 곳이 있는가 하면, 바깥에서 봤을 때 43미터나 되는 곳도 있어요.

구릉
별로 높지 않고 험하지 않은 언덕을 뜻해요.

지형
땅의 생긴 모양을 뜻해요.

지표
지구의 표면 또는 땅의 겉면을 뜻해요.

토성은 어떻게 쌓나요?

몽촌토성에는 토성을 쌓는 다양한 방법들이 동원되었어요. 토성을 쌓는 다양한 방법들에 대해 좀 더 자세하게 알아보아요.

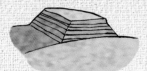

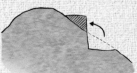

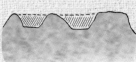

판축법
흙을 일정한 두께로 펴서 다진 다음 그 위에 계속 쌓아올리는 것으로 정성이 많이 들어가지요.

삭토법
지형의 안팎을 적절히 깎아 급경사의 성벽을 만든 것이에요.

성토법
차곡차곡 층층이 다져 쌓는 판축법과 달리 흙을 무더기로 막 쌓은 다음 다지는 방법이에요.

보축법
자연 지형 자체가 방어력을 가질 수 없는 곳에 성벽이 연결될 수 있도록 기존 지형 사이를 보충하여 성을 쌓는 방법이에요.

그 당시의 지표면을 기준으로 다시 계산해 보면 지금은 높이가 10미터밖에 안 되는 곳도 12~17미터로 훨씬 높았을 수도 있어요. 홍수가 잦았던 몽촌토성 일대에서

삭토법과 판축법을 이용하여 몽촌토성을 쌓는 모습

는 백제 사람들이 밟았던 땅이 지금 우리가 밟는 땅보다 1~4미터 아래에 있었던 데다가, 성벽이 그 동안 많이 허물어졌기 때문이에요.

서북쪽과 동북쪽, 그리고 외성에서는 성벽의 바깥쪽 면에 목책을 세운 흔적이 확인되었어요. 지점마다 조금씩 다르지만 대체로 지름 40~50센티미터, 깊이 30~90센티미터 크기의 구덩이를 1.8미터 간격으로 파서 굵은 기둥을 세운 다음, 사이사이에 보조 기둥을 덧세운 모습이었어요. 그리고 외성에서는 지름 50~70센티미터, 깊이 20~30센티미터 크기의 기둥 구멍들이 구릉 정상부에서 발견되었지요. 기둥 구멍의 크기와 깊이가 다른 것으로 보아, 목책을 세운 목적도 조금 달랐을 것으로 보여요. 이렇듯 백제는 수준 높은 건축 기술을 가지고 있었답니다.

여기서 **잠깐!** ## 풍납토성과 몽촌토성의 다른 점 찾기!

풍납토성과 몽촌토성은 거리는 가깝지만 서로 다른 점이 많아요. 지금까지 살펴본 내용을 바탕으로 풍납토성과 몽촌토성이 어떻게 다른지 정리해 보세요.

풍납토성	몽촌토성

정답은 56쪽에

백제 사람들은 어떻게 살았을까?

백제는 지금으로부터 2,000년 전쯤에 세워진 나라예요. 그렇다면 그 당시 백제 사람들의 생활 모습은 지금 우리의 생활 모습과는 많이 달랐을 거예요. 어떻게 달랐는지 궁금하지 않나요? 풍납토성과 몽촌토성에서 발굴된 유적·유물들을 통해 백제 사람들의 생활 모습을 살짝 엿보도록 해요.

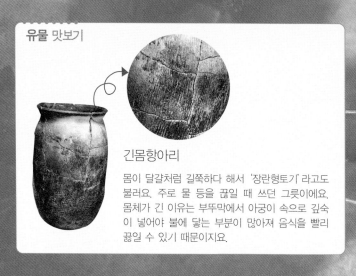

유물 맛보기

긴몸항아리

몸이 달걀처럼 길쭉하다 해서 '장란형토기' 라고도 불러요. 주로 물 등을 끓일 때 쓰던 그릇이에요. 몸체가 긴 이유는 부뚜막에서 아궁이 속으로 깊숙이 넣어야 불에 닿는 부분이 많아져 음식을 빨리 끓일 수 있기 때문이지요.

어떤 집을 짓고 살았나요?

백제에 대한 기록이 워낙 적은 데다가 발굴 조사도 조금밖에 이루어지지 않은 탓에 한성 시기의 백제 사람들이 어떻게 살았는지 자세히 알 수는 없어요. 그러나 지금까지 발견된 유적·유물을 통해 어느 정도 짐작해 볼 수는 있지요. 그러면 당시 백제 사람들은 어떤 집을 짓고 살았는지부터 알아보아요.

먼저 풍납토성에서 주목할 만한 건 벽돌과 기둥 장식, 기와 등이 발견되었다는 점이에요. 이런 유물들은 왕이나 귀족들이 어떤 집을 짓고 살았는지 짐작할 수 있는 중요한 자료가 되지요. 풍납토성에서 발견된 벽돌 대부분은 모양새로 볼 때, 사람들이 밟고 다니도록 바닥에 깔던 것이었어요. 흔히 '전돌'이라고 부르지요. 벽돌은 고운 흙만 골라 모양을 만들고 불가마에서 구워 내는데, 구울 때 흙 속에 있던 공기가 부풀어올라 찌그러지거나 깨지기가 쉬워요. 그래서 원래 계획한 모양과 색깔을 얻어

> 벽돌을 만드는 데는 대단히 수준 높은 기술이 필요하단다.

> 그런 벽돌을 밟고 다닌 사람들은 신분이 매우 높았겠네요.

벽돌

풍납토성 밖에도 집들이 많았대!

풍납토성 밖에서는 아직 집터를 발견하지 못했어요. 다만 동벽 가까운 곳에서 우물이 하나 발견되었지요. 그래서 풍납토성 바깥 쪽에도 사람들이 많이 살았다는 걸 알게 된 거예요.

'井(우물 정)'자 모양으로 나무를 짜 맞추었는데, 그 깊이가 2.5~3미터 정도였어요.

우물 안에서는 새 끼줄로 목을 감은 항아리도 발견되었어요. 두레박으로 쓰였던 듯해요.

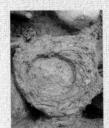

누군가가 우물에 빠뜨린 따리 역시 원래 모습 그대로 발견되었지요.

내려면 흙을 잘 빚고 또 적당한 불에서 구워 내는 기술이 필요했지요.

풍납토성에서 발견된 전돌과 기와, 초석을 이용하여 건물의 모습을 가상으로 복원해 본 것이에요.

기둥 장식도 흙을 구워 만든 것이에요. 나무 기둥의 아랫부분을 감싸 보기 좋게 하거나 기둥이 튼튼하게 서 있을 수 있도록 돕는 역할을 했던 것으로 보여요. 기둥을 받쳐 주는 돌(초석)과는 조금 달라 기둥 밑 장식이라고 부르는데, 8각·10각, 둥근 것·약간 붉은 것·약간 검은 것 등 종류가 다양했어요.

기와는 지붕에 얹는 것인데, 크고 약간 넓적하게 벌어진 것을 '암키와', 반원 모양을 '수키와'라고 해요. 수키와 중에서도 한쪽을 막아 놓고 그림으로 장식하여 처마 끝에 놓는 것을 '막새기와'라고 불러요. 백제의 기와는 하양에 가까운 회색이 많고 크면서도 얇은 것이 특징이에요. 그만큼 기와를 구워 내는 기술이 발달했던 것이지요. 기와는 흙을 구운 것이고 아무리 가볍다 해도 여러 개를 겹쳐 놓아야 하기 때문에 기둥이 여간 튼튼하지 않고서는 쓸 수 없어요. 따라서 기와집은 건축 기술이 발달해야만 지을 수 있어 백제 사람들의 세련된 건축 기술을 엿볼 수 있지요.

암키와

수키와

풍납토성에서 발굴된 기와

여기서 잠깐!

원래 어떤 모양이었는지 완성해 보세요!

다음은 풍납토성에서 출토된 초석의 조각을 원래 모양으로 복원해 본 것이에요. 이것을 참고하여 기와의 조각도 원래 모습을 생각하여 그려 보세요.

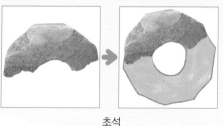

초석

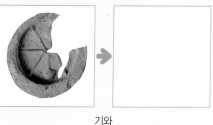

기와

정답은 56쪽에

39

여기서 잠깐!

어디에 쓰던 물건일까요?

흙으로 구워 만든 관이에요. 서로 연결해서 쓰는 것으로, 이것이 더러운 물을 땅 아래로 흘려 보내기 때문에 냄새뿐 아니라 파리·모기 등이 모여드는 걸 막을 수 있었어요. 이토록 위생적인 시설은 조선 시대의 도읍 안에서도 찾아보기 어려웠어요. 백제의 높은 문화 수준을 보여 주는 대표적인 유물인 이것은 과연 무엇일까요? 25쪽의 내용을 참고하여 써 보세요.

정답은 56쪽에

풍납토성과 몽촌토성에서는 여러 개의 집터도 발굴되었어요. 흙을 단단히 다져 쌓은 뒤 기둥을 세우고 지은 지상 건물도 있었지만 대부분은 움집이었어요. 삼국 시대의 움집은 대개 하늘에서 내려다보면 육각형 모양이에요. 그래서 흔히 '육각형 주거지'라고 부르지요. 지금의 현관 같

풍납토성에서 발견된 육각형 모양의 움집터 모습

움집
땅을 파고 기둥을 세워 만든 집을 뜻해요.

은 출입구를 작은 방 형태로 따로 만들어 놓고 그 방을 거쳐 집 안으로 들어가도록 만들었어요. 또한 신석기 시대에는 집 안 한가운데에 돌이나 진흙으로 둥그렇게 테두리를 만들어 놓은 화덕이 고작이었는데, 삼국 시대에는 출입구 반대편 벽쪽으로 부뚜막과 구들을 일렬로 만들어 놓는 수준으로까지 발달했어요. 대

백제 사람들의 움집 안 생활 모습

움집만 보아도 삼국 시대에 이미 건축 기술이 발달했음을 알 수 있지요.

개 출입문은 남쪽, 부뚜막과 아궁이는 북쪽에 설치했어요. 기둥 구멍은 신석기 시대의 주거지보다 훨씬 촘촘해 안정감을 주는데, 지붕과 벽이 분명히 구분되었어요. 기둥과 기둥 사이에는 흙으로 벽을 만들었던 것 같아요.

움집 옆에는 깊이가 1미터가 넘는 큼지막한 저장 구덩이를 만들어 놓는 경우가 많았는데, 음식물을 비롯해 각종 물건을 보관하던 창고로 썼어요. 몽촌토성에서는 이 곳에서 각종 항아리들이 발견되기도 했지요.

지금까지 발견된 백제 움집 가운데 가장 큰 것은 미래마을에서 발견된 것이에요. 길이 21미터, 너비 16.4미터나 된답니다. 교실 5~6개를 합쳐 놓은 크기이지요. 그리고 어떤 움집에서는 바닥에 돗자리를 깔았던 흔적이 발견되기도 했어요. 또 기와가 많이 출토되는 경우도 있는 것으로 보아, 기와까지 얹은 움집도 있었던 듯해요.

몽촌토성 안에 있는 움집터 전시관
동문 바로 옆 성벽 위에 움집이 있었어요. 군사들의 숙소였던 것으로 보여요.

그리고 몽촌토성에서는 성벽 위에서 움집이 발견되기도 하였는데, 이는 군사들이 살던 곳일 가능성이 높아요.

움집은 어떻게 변해 왔나요?

움집은 주로 신석기나 청동기 시대 사람들이 살던 집의 형태였어요. 그래서 삼국 시대의 움집은 선사 시대의 움집과는 여러모로 달랐지요. 그렇다면 움집은 시대별로 어떻게 변해 왔을까요? 함께 알아보아요.

신석기 시대
주로 둥근 모양이었는데, 땅을 깊이 파고 기둥을 세운 뒤 벽 없이 밑은 둥글고 위는 뾰족한 원뿔형 지붕을 세웠어요.

청동기 시대
주로 직사각형 모양이었는데, 땅을 좁고 길게 판 뒤 기둥과 낮은 흙벽을 세웠어요.

삼국 시대
주로 육각형 모양이었는데, 깊이가 얕았으며, 안이 넓고 벽이 높아 움집 안이 아주 밝았어요.

한성 시기의 백제 왕성은 어떤 모습이었을까?

기록에 남아 있는 자료들과 풍납토성에서 발굴된 유적·유물을 통해 한성 시기의 백제 왕성은 어떤 모습이었을지 함께 상상해 보도록 해요.

당시 왕궁의 모습은 풍납토성에서 발굴된 기와, 초석 등의 유물로 볼 때, 기와 지붕에 나무 기둥을 박은 목조 건물이었음을 짐작할 수 있어요. 그리고 왕궁에서 난 불이 민가에 옮겨 붙었다는 《삼국사기》 기록을 보면 왕궁과 민가가 가까이 있었음을 알 수 있지요. 또 풍납토성 동벽 근처에서 움집이 여러 채 발견된 것으로 보아, 그 곳에 민가가 많이 몰려 있었던 것 같아요.

또한 백제의 왕들은 제사를 자주 올렸어요. 주로 자신들의 뿌리인 동명왕(주몽)과 천지(하늘과 땅)에 제사를 올리곤 했는데, 그런 제사를 지내던 제단은 남쪽에 있었다고 해요. 경당지구에서 발견된 높은 건물을 세웠던 터의 경우, 집을 빙 둘러 가며 판자처럼 깎아 만든 돌로 네모지게 도랑을 만들고 그 안에 고운 숯을 촘촘하게 채워 놓았어요. 이는 숯을 통해 습기와 잡귀를 물리치

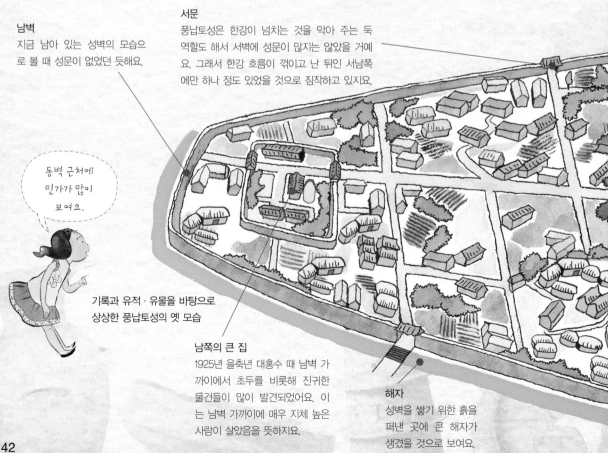

남벽
지금 남아 있는 성벽의 모습으로 볼 때 성문이 없었던 듯해요.

서문
풍납토성은 한강이 넘치는 것을 막아 주는 둑 역할도 해서 서벽에 성문이 많지는 않았을 거예요. 그래서 한강 흐름이 꺾이고 난 뒤인 서남쪽에만 하나 정도 있었을 것으로 짐작하고 있지요.

동벽 근처에 민가가 많이 보여요.

기록과 유적·유물을 바탕으로 상상한 풍납토성의 옛 모습

남쪽의 큰 집
1925년 을축년 대홍수 때 남벽 가까이에서 초두를 비롯해 진귀한 물건들이 많이 발견되었어요. 이는 남벽 가까이에 매우 지체 높은 사람이 살았음을 뜻하지요.

해자
성벽을 쌓기 위한 흙을 퍼낸 곳에 큰 해자가 생겼을 것으로 보여요.

려 했던 옛날 사람들의 믿음이 표현된 것으로 여겨져요.

풍납토성의 북쪽과 남쪽에서 연못을 각각 한 곳씩 찾아냈는데, 이 밖에도 당시에는 연못이 많이 있었던 것 같아요. 고대의 연못은 귀족들이 사는 넓은 집에서도 볼 수 있었으니까요. 또한 풍납토성에는 크고 오래 된 나무들이 즐비한 정원도 있었던 것으로 보여요. 기록에 따르면 진사왕(16대)은 연못을 파고 산을 만들어 기이한 새와 특이한 화초를 길렀다고 해요.

왕궁 서쪽에는 성문과 함께 군대를 모으고 활을 쏘던 장소가 있었던 것 같아요. 《삼국사기》에는 구수왕(6대) 때 한강 서쪽에서 크게 군대를 모았다는 기록과 고이왕(8대) 때 왕이 서문으로 나가 활을 쏘았다는 기록이 있어요. 또한 서벽이 있던 곳 가까이에서는 자갈돌을 깔아 만든 도로도 발견되었어요. 성벽을 따라 쭉 이어지던 도로였을 것으로 보이는데, 현재는 길이 파괴되어 어디까지 이어졌는지 밝혀 내지 못했어요. 그럼, 아래 그림으로 좀 더 자세히 살펴보아요.

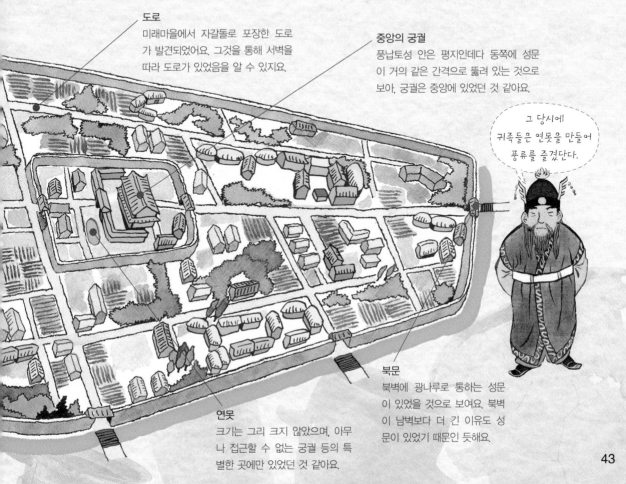

도로
미래마을에서 자갈돌로 포장한 도로가 발견되었어요. 그것을 통해 서벽을 따라 도로가 있었음을 알 수 있지요.

중앙의 궁궐
풍납토성 안은 평지인데다 동쪽에 성문이 거의 같은 간격으로 뚫려 있는 것으로 보아, 궁궐은 중앙에 있었던 것 같아요.

그 당시에 귀족들은 연못을 만들어 풍류를 즐겼단다.

북문
북벽에 광나루로 통하는 성문이 있었을 것으로 보여요. 북벽이 남벽보다 더 긴 이유도 성문이 있었기 때문인 듯해요.

연못
크기는 그리 크지 않았으며, 아무나 접근할 수 없는 궁궐 등의 특별한 곳에만 있었던 것 같아요.

무얼 먹고 살았나요?

삼
뽕나뭇과에 속하는 긴 섬유가 얻어지는 식물을 통틀어 이르는 말이에요. 대마, 아마, 마닐라 삼 따위가 있지요.

생산력
물건을 만들어 내는 능력을 가리켜요.

그럼 이제 백제 사람들이 무엇을 먹고 살았는지 알아볼까요? 백제 사람들은 주로 채식을 하였어요. 특히 쌀·콩·보리·삼·기장·조·피·밀·팥·귀리 등을 많이 먹었지요. 그 중 쌀은 세금의 기준이 될 정도로 중요한 곡식이었어요. 그래서 신분이 낮은 사람들은 먹기가 어려웠다고 해요.

곡식을 먹는 여러 가지 방법 중에서 찜은, 시간이 많이 걸리고 음식물이 덜 불어나기 때문에 생산력이 낮았던 고대에는 그리 적당한 조리법이 아니었어요. 그래서 일반 백성들은 대개 곡식을 끓여 먹었지요. 가장 흔한 것은 죽이었어요. 곡식의 양이 충분하지 못할 때 부족한 부분을 물과 채소·나물 등 다른 먹거리로 보충할 수 있고, 겨를 잘 벗겨 내지 못한 거친 곡식을 먹기 좋게 만드는 장점이 있었으니까요. 봄철에는 쑥·냉이를 넣은 죽도 많이 해 먹었어요. 그래서 토기의 흙 냄새를

백제 사람들의 손님상
쌀밥과 삶은 닭, 구운 은어, 그리고 무짠지와 술지게미(청주를 빚고 남은 것)에 절인 가지절임, 거기에 떡까지……. 정말 잔칫상이 따로 없지요?

식생활을 엿볼 수 있는 유물들

백제 사람들이 무엇을 먹고 살았는지 어떻게 짐작할 수 있을까요? 바로 그것을 엿볼 수 있게 해 주는 유물들이 있기 때문이지요. 어떤 유물들이 있는지 함께 살펴보아요.

시루
풍납토성이나 몽촌토성처럼 백제의 지배 계급들이 살던 지역에서는 시루가 많이 발견되었어요. 이것으로 그 당시 상류층은 찜을 자주 해 먹었을 것으로 보여요.

항아리
백제 유적에서는 단단한 항아리 종류가 많이 발견되었어요. 이것에는 짠지·장아찌 같은 저장용 식품을 담아 두었을 것으로 보여요.

세발토기
4세기 후반에 백제 사람들은 세발토기와 같은 반찬 그릇을 많이 썼어요. 밥과 반찬을 가리는 생활방식이 생기기 시작한 것이지요.

없애는 데에도 효과적이었을 것으로 보여요.

　밥은 쇠로 만든 솥이 나온 뒤에나 지어 먹을 수 있었어요. 쇠솥을 만들려면 우선 철을 다루는 기술이 발달해야 하는데, 백제는 3~4세기경에 이미 중국으로부터 강철 만드는 기술을 들여왔어요. 그러므로 늦어도 4세기경에는 쇠솥으로 밥을 지어 먹었을 거예요. 몽촌토성에서 발견된 5세기 초엽의 움집터에서도 쇠솥 파편이 발견되기도 했답니다.

　반찬에는 채소나 나물 종류가 많았어요. 이 시대에 이미 채소를 소금에 절여 장아찌로 만들어 먹었는데, 간장·된장·젓갈 등과 함께 뿌리채소 특히 무를 저장했다가 먹는 짠지는 겨울철의 저장용 식품으로서 쓸모가 매우 많았어요. 또 고대 기록에는 사냥하는 이야기가 많이 나와요. 이는 당시 사람들이 고기를 많이 먹었음을 짐작해 볼 수 있는 부분이에요. 고기는 불에 직접 굽는 방법, 삶거나 끓이는 방법, 얇게 저민 뒤 말려 포를 만드는 방법 등을 이용하여 고기를 먹었지요.

백제 시대에도 조미료가 있었나요?

소금·식초·꿀·엿·간장·된장 등이 백제 사람들이 쓰던 대표적 조미료예요. 나물을 요리할 때 가장 많이 사용한 조미료는 역시 소금이었어요. 고기를 요리할 때에도 고기 특유의 냄새를 줄이고 맛을 더하기 위해 소금을 비롯한 몇 가지 조미료를 뿌리기도 했지요.

통일신라 때의 일이긴 하지만, 신문왕이 왕비를 맞아들이면서 처가에 예물로 쌀·술·기름·꿀·간장·된장·포·젓갈이 담긴 수레를 135개나 보냈다는 기록이 있어요. 그만큼 삼국 시대에도 조미료 사용이 많았다는 이야기겠죠?

장아찌
오이, 무, 마늘 따위의 야채를 간장이나 소금물에 담가 놓거나 된장, 고추장에 넣었다가 조금씩 꺼내 양념해서 오래 두고 먹는 음식을 말해요.

몽촌토성에서 나온 그릇 받침
이런 모양의 그릇 받침은 백제의 지배 계급이 살았던 곳에서만 발굴된다는 특징이 있지요.

백제 사람들은 쇠솥에 죽을 끓이고 고기를 불에 직접 구워 먹었군요!

백제 사람들의 식생활 모습

농사는 어떻게 지었나요?

백제는 한반도의 서쪽 평야 지대에 있었어요. 그래서 백성들은 대부분 농사를 지으며 살았어요. 그 때는 어떤 농기구를 썼을까요? 백제 사람들은 어떻게 농사를 지었는지 함께 알아보아요.

백제가 세워진 뒤 철기가 널리 보급되기 시작했어요. 그래서 4세기 무렵부터는 쇠로 농기구를 만들어 썼어요. 도끼·괭이·호미·살포·삽날·낫·쇠스랑, 가래 등이 그 무렵의 대표적인 농기구예요. 그 중 특히 쓸모가 많았던 것은 괭이와 삽날이었어요. 괭이는 나무 자루에 쇠로 만든 괭이날을 끼워 썼는데, 흙을 파고 고르는 데는 물론이고 도랑을 파고 풀을 없애는 데에도 매우 쓸모가 많았어요.

고대에는 땅을 깊이 갈기도 어려웠을뿐더러 비료도 없었기 때문에 한 번 농사를 지은 땅은 영양분이 부족해 보통 다음 해에는 놀려 두었어요. 이것을 흔히 '휴한법' 혹은 '휴경법'이라고 하는데, 땅이 있어도 해를 걸러서 농사를 지어야 했으니 농산물이 얼마나 부족했을지 짐작할 수 있지요? 이렇게 농사는 고대 사람들에게도 중요한 것이었답니다.

살포
논에 물꼬를 트거나 막을 때 쓰는 농기구를 말해요.

삽날
삽의 넓적하고 얇은 가장자리 부분을 말해요.

쇠스랑
땅을 파헤쳐 고르거나 두엄, 풀 따위를 쳐 내는 데 쓰는 갈퀴 모양의 농기구를 말해요.

가래
흙을 파헤치거나 떠서 던지는 기구를 말해요. 여러 사람이 힘을 합쳐 사용하는 큰 삽인 셈이죠.

백제 사람들이 농사짓는 모습
소를 농사짓는 데 이용하기 전에는 가래 등의 농기구를 많이 이용했지요.

가래에 끼워진 삽날의 모습
쇠삽날은 보통 U자 모양으로 생겼는데, 나무로 만든 삽·가래·쟁기의 끝에 끼워서 썼어요.

풍납토성에서 돗자리와 함께 출토된 삽날의 모습

몽촌토성에서 고구려 유물이 발견되었대!

백제의 도성인 몽촌토성의 동문 근처에서 고구려 것으로 보이는 유물들이 몇 점 발견되었어요. 이 유물들을 고구려 것으로 보는 이유와 그 역사적 배경이 무엇인지 알아보아요.

왜 고구려 유물이라고 보는 걸까요?

몽촌토성에서 발견된 고구려 유물 중 가장 대표적인 것이 바로 나팔입긴항아리와 원통모양 세발토기예요. 고구려의 토기와 백제의 토기는 구운 강도나 흙의 질에서 약간의 차이가 있어요. 이 토기들 역시 다른 고구려 토기들처럼 질그릇 느낌이 더 많이 났지요. 또한 나팔입긴항 아리는 주둥이가 벌어지고 위가 불룩하며 아래가 좁은 특징을 갖고 있어요. 이것 역시 고구려 토기에서 흔히 볼 수 있는 형태랍니다. 특히 납작하고 두툼한 손잡이가 네 개가 옆으로 달려 있 는 것은 전형적인 고구려 토기의 모습이지요. 또한 밑바닥이 평평한 '납작밑 토기'라는 점도 고구려 유물로 보는 이유 중 하나예요.

원통모양세발토기는 원통을 세워 놓은 듯한 몸체에 짧은 다리가 달려 있고 손잡이가 우뚝하게 달린 뚜껑을 갖고 있어요. 이것은 지금까지 한 번도 발견이 된 적이 없는 백제 유물이에요. 길쭉하고 깊은 모양은 고구려 토기의 특징이랍니다.

> 이 토기들이 고구려가 한강 유역을 차지했다는 역사적 사실을 전해 주는 유물들이로구나!

나팔입긴항아리   원통모양세발토기

어떤 역사적 배경이 있는 걸까요?

475년 백제는 고구려의 장수왕이 이끄는 3만 명의 군대에게 한성이 함락되자 도읍을 웅진 으로 옮겼어요. 당연히 한성은 고구려 군사들이 차지해 버렸죠. 고구려 군사들은 백제의 한성 중에서 평지에 있던 북성(풍납토성)은 버려 두고 일종의 산성인 남성(몽촌토성)에 주로 머물며 주변 일대를 통제했어요. 그리고 한강 건너편의 아차산 줄기에 여러 개의 보루를 쌓아 군사들 의 근거지로 삼았지요. 몽촌토성에서 발견된 고구려 유물들은 바로 이 때 사용되었던 것들로 보여요.

풍납토성과 몽촌토성을 돌아보고……

　지금으로부터 2,000여 년 전쯤에 백제 사람들은 500년이라는 긴 세월 동안 풍납토성과 몽촌토성을 도읍으로 삼았어요. 한 나라의 도읍이란 매우 중요한 곳이에요. 비류가 도읍으로 삼았던 미추홀이 농사가 잘 안 되어 백성들의 삶이 힘들었다는 기록만 봐도 알 수 있지요. 따라서 한 곳을 500여 년 동안이나 도읍으로 삼고, 또 빼앗긴 뒤 끊임없이 되찾기 위해 노력했다는 것은, 풍납토성과 몽촌토성이 당시에 매우 가치 있는 곳이었음을 짐작하게 해 주지요.

이처럼 유적과 유물은 우리에게 과거의 사실을 넌지시 알려 주는 타임머신이에요. 그 때의 당당한 모습은 세월 속에 깎이고 사라졌지만 성벽 안팎을 유심히 살펴보고 이 곳에 서 출토된 유물을 자세히 들여다보노라면 그 옛날 이 곳에서 땀 흘리며 열심히 살아가던 백제 사람들의 모습을 어렴풋하게나마 떠올릴 수 있지요.

그런데 우리는 한때 이 곳의 가치를 알아보지 못하고 그냥 방치해 두었던 적이 있어 요. 우리가 좀 더 빨리 그 가치를 깨달았다면 우리는 더 많은 유물들을 발견해, 백제에 대해 더 많은 사실들을 알 수 있었을 거예요. 비록 조금 늦긴 했지만 이제라도 그 가치를 알았으니 더 이상 훼손되지 않도록 우리 모두가 지키고 보존하기 위해 노력해야겠어요. 역사, 그리고 그것을 알려 주는 유적과 유물은 우리의 현재를 알려 주고 앞으로 어떤 방 향으로 나아가야 할지 가르쳐 주는 고마운 스승이자 우리만의 재산이니까요.

이곳도 둘러보아요!

풍납토성과 몽촌토성이 있는 한강 유역은 선사 시대부터 지금까지 줄곧 사람들이 살아온 중요한 삶의 터전이에요. 그래서 풍납토성과 몽촌토성 주변에는 다양한 유적들이 있지요. 어떤 곳들이 있는지 함께 알아보아요.

1 선사 시대 마을로 떠나요
서울 암사동 유적

서울시 강동구 암사동에 위치한 암사동 선사 주거지는 신석기 시대 마을의 흔적이 남아 있는 곳으로, 사적 제267호로 지정되어 있어요. 모래 땅을 파고 집을 지은 움집터를 비롯해, 빗살무늬 토기와 석기, 새 뼈와 도토리 등이 이 곳에서 출토되었지요.

관람시간 09:30 ∼ 18:00
관람료 초 · 중 · 고등학생(개인 300원 / 단체 200원)
정기휴일 1월 1일, 매주 월요일

2 삼국 시대의 치열한 역사를 배워요
아차산성

서울시 광진구 광장동의 아차산에 위치한 돌로 쌓은 성이에요. 사적 제234호로 지정되어 있지요. 《삼국사기》에는 백제가 처음 쌓고 고구려가 빼앗아 차지했다고 기록되어 있지만, 지금까지 성 내부에서는 통일신라 시대 유물만 많이 출토되었어요. 아차산성 주변의 산줄기에는 고구려가 쌓은 보루들이 늘어서 있지요.

③ 고구려의 힘찬 기상을 느껴요
아차산 보루군

고구려가 한강 유역을 차지했을 때 쌓은 보루로, 서울시 광진구에서 구리시 교문동으로 이어지는 아차산과 용마산의 능선 정상부에 흩어져 있어요. 지금까지 홍련봉보루를 비롯해 16개가 발견되었는데, 크기가 아주 다양하지요. 보루 안에서는 고구려의 유물이 많이 출토되었어요.

④ 백제의 귀족 문화와 만나요
석촌동 고분군

사적 제243호로, 송파구 석촌동에 위치해 있어요. 한성 시기 백제의 지배 계급들의 무덤이 모여 있는 곳이에요. 일종의 공동 묘지인 셈이죠. 백제 초기 무덤의 특징을 알 수 있는 곳으로, 돌무지무덤, 움무덤, 독무덤 등 다양한 형태의 무덤이 발굴되었어요. 특히 돌무지무덤은 고구려의 태왕릉이나 장군총과 비슷한 점을 많이 찾을 수 있지요.

⑤ 신라의 흔적을 느껴 보아요
방이동 고분군

서울시 송파구 방이동의 야트막한 정상부와 경사면에 위치해 있으며, 사적 제270호예요. 구릉의 경사진 부분을 파고 돌로 방을 만든 뒤 입구와 널길을 설치한 '굴식돌방무덤' 이지요. 지금은 대부분 파괴되고 서쪽 언덕 경사면에 4기, 동쪽 언덕에 4기가 남아 있어요. 무덤 안에서 신라의 것으로 보이는 토기들이 발견되었지요. 하지만 백제 무덤이라고 보는 견해도 있어요.

이제 풍납토성과 몽촌토성을 다 돌아보았으니, 체험을 통해 얼마나 많은 것을 알게 되었는지 확인해 볼까요? 다음 문제들을 풀면서 스스로 점검해 보세요.

① 관계 있는 것끼리 연결하세요.

다음은 풍납토성과 몽촌토성에서 출토된 유물이에요. 알맞은 것끼리 선으로 연결해 보세요.

청동 초두 •

• 약이나 술, 물 등을 데우는 데 쓰는 다리 달린 그릇이에요. 중국에서 수입하였거나 그것을 본뜬 것으로 보여요.

시루 •

• 백제 사람들이 사용하던 반찬 그릇이에요. 이 시기에 밥과 반찬을 가려 먹기 시작하였음을 알 수 있지요.

토관 •

• 풍납토성이나 몽촌토성처럼 백제의 지배 계급들이 살던 지역에서는 많이 발견되었어요. 이것으로 그 당시 상류층은 찜을 자주 해 먹었을 것으로 보여요.

세발토기 •

• 흙으로 구워 만든 것으로 서로 연결해서 하수관으로 썼어요. 백제의 지배 계급들이 깨끗한 환경에서 살았음을 짐작할 수 있지요.

➋ 토성 쌓는 법을 알려 주세요.

다음은 토성 쌓는 법에 대한 설명이에요. 그림과 설명을 잘 살펴보고 어떤 방법인지 보기 에서 찾아 써 보세요.

보기	삭토법	판축법	성토법	보축법

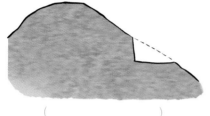

( )

지형의 안팎을 적절히 깎아 급경사의 성벽을 만든 것이에요.

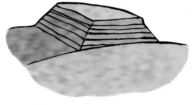

( )

흙을 일정한 두께로 펴서 다진 다음 그 위에 계속 쌓아올리는 것으로 정성이 많이 들어가지요.

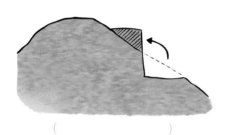

( )

차곡차곡 층층이 다져 쌓는 판축법과 달리 흙을 무더기로 막 쌓은 다음 다지 는 방법이에요.

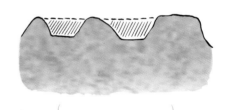

( )

자연 지형 자체가 방어력을 가질 수 없는 곳에 성벽이 연결될 수 있도록 기존 지형 사이를 보충하여 성을 쌓는 방법이에요.

➌ O, X로 답해 보세요.

다음은 풍납토성과 몽촌토성에 관한 설명이에요. 맞으면 O, 틀리면 X표 하세요.

(1) 풍납토성과 몽촌토성은 백제 한성 시기 때 도읍이다.   (   )

(2) 풍납토성은 낮은 구릉에 세워진 산성이고, 몽촌토성은 평지에 세워진 평지성이다.   (   )

(3) 풍납토성은 처음 만들어질 때부터 풍납토성이라고 불렀다.   (   )

(4) 몽촌토성은 성 안에 '곰말(꿈말)' 곧 '몽촌'이라는 마을이 있었기 때문에 붙여진 이름이다.   (   )

(5) 풍납토성은 고운 모래만 한 층씩 다져서 쌓았으며, 성벽 바깥 쪽에는 원래 해자도 있었다.   (   )

(6) 몽촌토성에는 동·남·북쪽에 성문이 1개씩 있으며, 사이사이에 은밀한 통로도 있었다.   (   )

(7) 풍납토성에서 발굴된 백제 유물들은 모두 당시의 최고급품이었다.   (   )

☞ 정답은 56쪽에

풍납토성의 원래 모습을 상상해 보아요!

풍납토성은 원래 둘레가 3.5킬로미터 정도였으나, 홍수와 개발로 일부가 파괴되고 지금은 2킬로미터 가량만 남아 있어요. 그래서 지금은 본래의 위풍당당했던 모습을 찾아볼 수 없지요. 풍납토성의 원래 모습은 어땠을까요? 특히 성문이 있던 곳은 더욱 멋있었겠죠? 여러 가지 자료를 활용하여 함께 상상하고 그려 보아요.

1. 성문은 어떤 구조일지 상상해 보아요!

성문은 크게 흙으로 쌓아 만든 토성 문과 돌로 쌓아 만든 석성 문으로 나뉘어요. 왼쪽 그림은 토성 문의 일반적인 모습이에요.

일반적인 토성의 문 구조를 바탕으로 풍납토성의 성문 구조도 상상해 봐.

2. 성문 위의 누각은 어떤 모양일지 상상해 보아요!

왼쪽 사진은 공주에 있는 '공산성'의 모습이에요. 공산성은 웅진 시기에 왕이 살았던 왕성인데, 조선 시대에 다시 쌓았어요. 원래는 흙으로 쌓은 성이었지만 나중에 다시 돌로 고쳐 쌓았지요. 옛날 모습이 그대로 남아 있진 않지만 그래도 고치기 이전의 백제 분위기는 엿볼 수 있을 거예요.

지금의 공산성 모습을 보면 풍납토성의 성문 모습도 상상이 될 거야!

3. 성벽의 모습을 상상해 보아요!

풍납토성의 성벽은 흙을 다져서 사다리꼴 모양으로 쌓았어요. 원래 높이는 11미터 이상이었으며, 그 앞에는 30미터가 넘는 넓은 하천이 흘렀던 것으로 보이지요.

성문 옆에 쌓아 놓은 성벽의 모습과 그 앞을 흐르는 해자의 모습을 상상해 봐.

다른 친구들은 이렇게 그렸어요!

경기 부천 상일초등학교
2학년 윤찬진

경기 용인 동천초등학교
3학년 김민석

정답

여기서 잠깐!

11쪽 예) 그만큼 다양한 민족이 백제에 흡수되었고 다른 나라와 활발한 교류가 이루어졌다는 뜻일 거야.

14쪽 칼에 날개처럼 7개의 가지가 달려 있어서 '칠지도'란 이름이 붙었어요.

17쪽 아차산성

23쪽 보존도 중요하고 아파트 주민들의 권리도 중요하지요. 때문에 유물이 발견된 곳은 그대로 보존을 하고 주민들에게는 손해가 가지 않도록 새로운 곳에 집을 지어 주어야 한다고 생각해요.

32쪽 ① 해자 ② 보루 ③ 목책 ④ 토단

35쪽

풍납토성	몽촌토성
·평지성이에요. ·성벽이 직선 모양이에요. ·백성들이 사는 도시를 보호하기 위한 성으로 보여요. ·판축법으로 쌓아 올렸어요.	·낮은 구릉 산성이에요. ·성벽이 구불구불 일정하지 않아요. ·방어의 목적으로 세운 성으로 보여요. ·낮은 곳은 판축법으로 쌓아올리고 높은 곳은 삭토법으로 깎아 만들었어요.

39쪽

40쪽 토관(하수관으로 썼던 것으로 보여요.)

나는 풍납토성과 몽촌토성 박사!

❶ 관계 있는 것끼리 연결하세요.

다음은 풍납토성과 몽촌토성에서 출토된 유물이에요. 알맞은 것끼리 선으로 연결해 보세요.

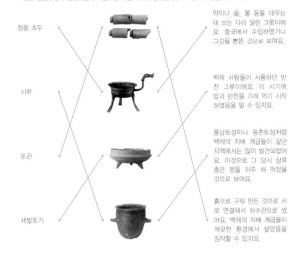

청동 초두 — 약이나 술, 물 등을 데우는 데 쓰는 다리 달린 그릇이에요. 중국에서 수입하였으니 그것을 본뜬 것으로 보여요.

시루 — 백제 사람들이 사용하던 반찬 그릇이에요. 이 시기에 밥과 반찬을 가려 먹기 시작하였음을 알 수 있지요.

토관 — 풍납토성이나 몽촌토성처럼 백제의 지배 계급들이 살던 지역에서는 많이 발견되었어요. 이것으로 그 당시 상류층은 찜을 자주 해 먹었을 것으로 보여요.

세발토기 — 흙으로 구워 만든 것으로 서로 연결해서 하수관으로 썼어요. 백제의 지배 계급들이 깨끗한 환경에서 살았음을 짐작할 수 있지요.

❷ 토성 쌓는 법을 알려 주세요.

다음은 토성 쌓는 법에 대한 설명이에요. 그림과 설명을 잘 살펴보고 어떤 방법인지 <보기> 에서 찾아 써 보세요.

보기	삭토법	판축법	토법	보축법

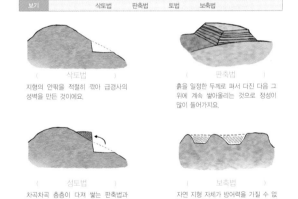

(삭토법) 지형의 안팎을 적절히 깎아 급경사의 성벽을 만든 것이에요.

(판축법) 흙을 일정한 두께로 펴서 다진 다음 그 위에 계속 쌓아올리는 것으로 정성이 많이 들어가지요.

(성토법) 차곡차곡 층층이 다져 쌓는 판축법과 달리 흙을 무더기로 막 쌓은 다음 다지는 방법이에요.

(보축법) 자연 지형 자체가 방어력을 가질 수 없는 곳에 성벽이 연결될 수 있도록 기존 지형 사이를 보축하여 성을 쌓는 방법이에요.

❸ O, X로 답해 보세요.

다음은 풍납토성과 몽촌토성에 관한 설명이에요. 맞으면 O, 틀리면 X 표 하세요.

(1) 풍납토성과 몽촌토성은 백제 한성 시기 때 도읍이다. (O)
(2) 풍납토성은 낮은 구릉에 세워진 산성이고, 몽촌토성은 평지에 세워진 평지성이다. (X)
(3) 풍납토성은 처음 만들어질 때부터 풍납토성이라고 불렀다. (X)
(4) 몽촌토성은 성 안에 '곰말(꿈말)' 곧 '몽촌'이라는 나늘이 있었기 때문에 붙여진 이름이다. (O)
(5) 풍납토성은 고운 모래만 한 층씩 다져서 쌓았으며, 성벽 바깥 쪽에는 원래 해자도 있었다. (X)
(6) 몽촌토성에는 동·남·북쪽에 성문이 1개씩 있으며, 사이사이에 은밀한 통로도 있었다. (O)
(7) 풍납토성에서 발굴된 백제 유물들은 모두 당시의 최고급품이었다. (O)

사진 제공 및 출처

주니어김영사 8–9p(몽촌토성 목책), 20–21p(풍납토성 산책로), 22p(풍납토성 안내판), 28p(서벽, 남벽), 29p(미래마을, 경당지구, 북벽, 동벽), 32p(목책, 서쪽 토단), 33p(북문, 성내천, 외성, 동문, 남문), 50p(암사동 선사주거지)

문화재연구소 22p(풍납토성 발굴 모습), 25p(풍납토성에서 발견된 도로터), 28–29p(풍납토성 전경), 30p(풍납토성 성벽의 단면도), 31p(각목이 노출된 사진), 36–37p(대형 집터), 38p(벽돌—검정, 우물, 두레박 항아리, 따리), 39p(초석, 기와), 40p(토관, 풍납토성에서 발견된 육각형 모양의 움집터 모습), 44p(시루, 세발토기), 46p(풍납토성에서 돗자리와 함께 출토된 삽날의 모습)

한신대박물관 8p(동전 무늬 도기), 21p(대부가 새겨진 토기), 25p(경당지구에서 출토된 말 머리뼈), 36p(긴몸항아리), 38p(벽돌—붉은색), 39p(풍납토성에서 발굴된 기와), 44p(항아리)

서울대박물관 24p(몽촌토성 발굴 전 모습), 45p(몽촌토성에서 나온 그릇 받침), 47p(나팔입긴항아리, 원통모양세발토기)

몽촌역사관 15p(왕인의 신사)

국립중앙박물관 23p(청동 초두)

체육진흥공단 32–33p(몽촌토성 전경)

연합포토 51p(방이동 고분군)

김기섭 18p(석촌동 고분군), 41p(움집터전시관), 51p(석촌동 고분군)

최원근 17p(아차산성), 26p(산성), 50p(아차산성)

유승률 51p(아차산 보루군)

권태균 10p(온조왕묘 숭렬전)

김준혁 27p(행성)

이 순 26p(도성), 27p(읍성)

김은경 19p(고구려 장군총)

김원미 54p(공산성)

초등학교 교과서와 관련된 학년별 현장 체험학습 추천 장소

1학년 1학기 (21곳)	1학년 2학기 (18곳)	2학년 1학기 (21곳)	2학년 2학기 (25곳)	3학년 1학기 (31곳)	3학년 2학기 (37곳)
철도박물관	농촌 체험	소방서와 경찰서	소방서와 경찰서	경희대자연사박물관	IT월드(과천정보나라)
소방서와 경찰서	광릉	서울대공원 동물원	서울대공원 동물원	광릉수목원	강원도
시민안전체험관	홍릉 산림과학관	농촌 체험	강릉단오제	국립민속박물관	경희대자연사박물관
천마산	소방서와 경찰서	천마산	천마산	국립서울과학관	광릉수목원
서울대공원 동물원	월드컵공원	남산골 한옥마을	월드컵공원	국립중앙박물관	국립경주박물관
농촌 체험	시민안전체험관	한국민속촌	남산골 한옥마을	기상청	국립고궁박물관
코엑스 아쿠아리움	서울대공원 동물원	국립서울과학관	한국민속촌	서대문자연사박물관	국립국악박물관
선유도공원	우포늪	서울숲	농촌 체험	선유도공원	국립부여박물관
양재천	철새	갯벌	서울숲	시장 체험	국립서울과학관
한강	코엑스 아쿠아리움	양재천	양재천	신문박물관	남산
에버랜드	짚풀생활사박물관	동굴	선유도공원	경상북도	남산골 한옥마을
서울숲	국악박물관	고성 공룡박물관	불국사와 석굴암	양재천	롯데월드민속박물관
갯벌	천문대	코엑스 아쿠아리움	국립중앙박물관	경기도	국립민속박물관
고성 공룡박물관	자연생태박물관	옹기민속박물관	국립민속박물관	이화여대자연사박물관	삼성어린이박물관
서대문자연사박물관	세종문화회관	기상청	전쟁기념관	전쟁기념관	서대문자연사박물관
옹기민속박물관	예술의 전당	시장 체험	판소리	천마산	선유도공원
어린이 교통공원	어린이대공원	에버랜드	DMZ	한강	소방서와 경찰서
어린이 도서관	서울놀이마당	경복궁	시장 체험	화폐금융박물관	시민안전체험관
서울대공원		강릉단오제	광릉	호림박물관	경상북도
남산자연공원		몽촌역사관	홍릉 산림과학관	홍릉 산림과학관	월드컵공원
삼성어린이박물관		국립현대미술관	국립현충원	우포늪	육군사관학교
			국립4.19묘지	소나무 극장	해군사관학교
			지구촌민속박물관	예지원	공군사관학교
			우정박물관	자운서원	철도박물관
			한국통신박물관	서울타워	이화여대자연사박물관
				국립중앙과학관	제주도
				엑스포과학공원	천마산
				올림픽공원	천문대
				전라남도	태백석탄박물관
				경상남도	판소리박물관
				허준박물관	한국민속촌
					임진각
					오두산 통일전망대
					한국천문연구원
					종이미술박물관
					짚풀생활사박물관
					토탈야외미술관

4학년 1학기 (34곳)	4학년 2학기 (56곳)	5학년 1학기 (35곳)	5학년 2학기 (51곳)	6학년 1학기 (36곳)	6학년 2학기 (39곳)
강화도	IT월드(과천정보나라)	갯벌	IT월드(과천정보나라)	경기도박물관	IT월드(과천정보나라)
갯벌	강화도	광릉수목원	강원도	경복궁	KBS 방송국
경희대자연사박물관	경기도박물관	국립민속박물관	경기도박물관	경상북도	경기도박물관
광릉수목원	경복궁 / 경상북도	국립중앙박물관	경복궁	덕수궁과 정동	경복궁
국립서울과학관	경주역사유적지구	기상청	덕수궁과 정동	경상북도	경희대자연사박물관
기상청	경희대자연사박물관	남산골 한옥마을	경상북도	고성 공룡박물관	광릉수목원
농촌 체험	고창, 화순, 강화 고인돌유적	농업박물관	경희대자연사박물관	국립민속박물관	국립민속박물관
서대문자연사박물관	전라북도	농촌 체험	고인쇄박물관	국립서울과학관	국립중앙박물관
서대문형무소역사관	고성공룡박물관	서울국립과학관	충청도	국립중앙박물관	국회의사당
서울역사박물관	충청도	서울대공원 동물원	광릉수목원	농업박물관	기상청
소방서와 경찰서	국립경주박물관	서울숲	국립공주박물관	롯데월드민속박물관	남산
수원화성	국립민속박물관	서울시청	국립경주박물관	몽촌토성과 풍납토성	남산골 한옥마을
시장 체험	국립부여박물관	서울역사박물관	국립고궁박물관	민주화현장	대법원
경상북도	국립서울과학관	시민안전체험관	국립민속박물관	백범기념관	대학로
양재천	국립중앙박물관	경상북도	국립서울과학관	서대문자연사박물관	민주화현장
옹기민속박물관	국립국악박물관 / 남산	양재천	국립중앙박물관	서대문형무소 역사관	백범기념관
월드컵공원	남산골 한옥마을	강원도	남산골 한옥마을	서울역사박물관	아인스월드
철도박물관	농업박물관 / 대법원	월드컵공원	농업박물관	조선의 왕릉	서대문자연사박물관
이화여대자연사박물관	대학로	유명산	롯데월드민속박물관	성균관	국립서울과학관
천마산	롯데월드민속박물관	제주도	충청도	시민안전체험관	서울숲
천문대	몽촌토성과 풍납토성	짚풀생활사박물관	서대문자연사박물관	경상북도	신문박물관
철새	불국사와 석굴암	천마산	성균관	암사동 선사주거지	양재천
홍릉 산림과학관	서대문자연사박물관	한강	세종대왕기념관	운현궁과 인사동	월드컵공원
화폐금융박물관	서울대공원 동물원	한국민속촌	수원화성	전쟁기념관	육군사관학교
선유도공원	서울숲	호림박물관	시민안전체험관	천문대	이화여대자연사박물관
독립공원	서울역사박물관	홍릉 산림과학관	시장 체험 / 신문박물관	철새	중남미박물관
탑골공원	조선의 왕릉	하회마을	경기도	청계천	짚풀생활사박물관
신문박물관	세종대왕기념관	대법원	강원도	짚풀생활사박물관	창덕궁
서울시의회	수원화성	김치박물관	경상북도	태백석탄박물관	천문대
선거관리위원회	승정원 일기 / 양재천	난지하수처리사업소	옹기민속박물관	해인사 고려대장경과 장경판전	우포늪
소양댐	옹기민속박물관	농촌, 어촌, 산촌 마을	운현궁과 인사동	호림박물관	판소리박물관
서남하수처리사업소	월드컵공원	들꽃수목원	육군사관학교	유니세프 한국위원회	한강
중랑구재활용센터	육군사관학교	정보나라	이화여대자연사박물관	무령왕릉	홍릉 산림과학관
중랑하수처리사업소	철도박물관	드림랜드	전라북도	현충사	화폐금융박물관
	이화여대자연사박물관	국립극장	전쟁박물관	덕포진교육박물관	훈민정음
	조선왕조실록 / 종묘		창경궁 / 천마산	서울대학교 의학박물관	상수도연구소
	종묘제례		천문대	상수허브랜드	한국자원공사
	창경궁 / 창덕궁		태백석탄박물관		동대문소방서
	천문대 / 청계천		한강		중앙119구조대
	태백석탄박물관		한국민속촌		
	판소리 / 한강		해인사 고려대장경과 장경판전		
	한국민속촌		화폐금융박물관		
	해인사 고려대장경과 장경판전		중남미문화원		
	호림박물관		첨성대		
	화폐금융박물관		절두산순교유적지		
	훈민정음		천도교 중앙대교장		
	온양민속박물관		한국에너지기술연구원		
	아인스월드		한국자수박물관		
			초전섬유퀼트박물관